航天科学家的故事丛书

任新民的故事

谭邦治　著

中国宇航出版社
·北京·

图书在版编目（CIP）数据

任新民的故事 / 谭邦治著. -- 北京：中国宇航出版社，2022.1

（航天科学家的故事丛书）

ISBN 978-7-5159-1961-4

Ⅰ.①任… Ⅱ.①谭… Ⅲ.①任新民—生平事迹 Ⅳ.①K826.16

中国版本图书馆 CIP 数据核字(2021)第 159898 号

责任编辑 牟宁宁
责任校对 刘　凯　　**封面设计** 宇星文化

出版发行	中国宇航出版社		
社　址	北京市阜成路 8 号 (010)60286808	**邮　编**	100830 (010)68768548
网　址	www.caphbook.com		
经　销	新华书店		
发行部	(010)60286888 (010)60286887		(010)68371900 (010)60286804(传真)
零售店	读者服务部 (010)68371105		
承　印	北京中科印刷有限公司		
版　次	2022 年 1 月第 1 版		2022 年 1 月第 1 次印刷
规　格	880×1230	**开　本**	1/32
印　张	5.625	**字　数**	91 千字
书　号	ISBN 978-7-5159-1961-4		
定　价	28.00 元		

本书如有印装质量问题，可与发行部联系调换

目 录

CONTENTS

第一章

少年怀志

获得嘉奖的小学生

1915 年 12 月 5 日，安徽省宁国县（现为宁国市）的任家大院里，一个小生命呱呱坠地。这一时期，任家家道正旺，日子过得红红火火，长孙任新民的出生让全家人喜笑颜开，祖父任国霖看着小家伙红润的脸蛋，更是眉开眼笑，心花怒放。

任新民自幼聪慧乖巧，获得了全家人的疼爱。祖父一有空闲，就把他抱在怀里，绘声绘色地讲自己年轻时的逃荒经历，讲过去的艰辛苦难生活。祖父语重心长地告诉他，只有好好读书，才能不受人欺负，还要诚实正直，脚踏实地地做人做事。小小的孩童似懂非懂，但把祖父的叮嘱牢牢记在心里。

幼时的任新民对这个世界充满了好奇，凡事都喜欢问个为什么。父亲任海清知识面很广，耐心地回答儿子的提问，看着孩子求知欲旺盛，非常开心，找来书本，开始教儿子识字。任新民学东西很快，祖父和父亲都对他寄予厚望。

任新民刚满 6 岁，就进入宁国县宁阳小学读书。他性格沉稳，勤奋刻苦，知识掌握得很扎实，每项作业都完成得一丝不苟，字也写得很漂亮，老师多次表扬他。课余时间他到处找书看，碰到喜欢的书，就两耳不闻窗外事，恨不得一气读完。

他不负全家人的期望，品学兼优，成绩名列前茅。在小学毕业典礼上，任新民得到了学校的嘉奖。

明师指引

随后，任新民考取了安徽省立第四中学（现在的安徽省宣城中学）。这是一所历史悠久的名校，曾为国家培养了大批栋梁之才。在学校里，任新民勤奋刻苦，成绩优异，老师和同学们都很喜欢他。

语文老师杨师道非常欣赏任新民，夸他学习踏实，作文立意新颖，逻辑严谨，语句流畅，文字简练。任新民也打心底里敬重杨老师，步入耄耋之年[1]的任新民仍然经常赞颂他："我的语文知识基本上是初中时打下的基础，特别是杨师道老师对我的帮助很大。杨老师用

①耄耋（mào dié），在古代，80岁称为耄，90岁称为耋，所以耄耋之年一般是指那些八九十岁的老人，多用来指人年事已高，已到晚年。

古代年岁别称：襁褓：周岁以下；孩提：2~3岁；黄口：10岁以下；豆蔻：女子13岁；及笄：女子15岁；弱冠：男子20岁；而立：男子30岁；不惑：男子40岁；知天命：50岁；花甲、耳顺：60岁；古稀：70岁；耄耋：80~90岁；鲐背：90~100岁；期颐：100岁以上。

实际行动践行了‘传道、授业、解惑’之为师之道。”20世纪七八十年代，杨老师已辞世，任新民还多次利用出差的机会，挤时间去探望居住在上海的杨师母，倾诉他和杨老师交往的点点滴滴。

杨老师经常让任新民到自己的办公室或宿舍，畅谈社会形势与人生。这些谈话给任新民打开了一扇窗，他的视野开阔了，伸展到了辽阔的中华大地上，他看到了军阀混战造成的社会动荡，看到了底层百姓生活的艰难。

杨老师向任新民推荐了一些国内进步作家的作品，包括鲁迅的杂文，柔石、叶紫的小说，殷夫的诗等；还向他推荐了一些中文版的苏联小说，如《母亲》《毁灭》《铁流》等。

阅读这些进步书籍，任新民学到了新知识，提高了写作水平；更主要的是使他思想茅塞顿开，追求真理的信念更加坚定。他开始关心祖国和民族，思考社会和人生。

14岁入团

1929年10月，年仅14岁的任新民怀着满腔的热血，秘密加入了中国共产主义青年团[①]。任新民阅读了一些革命书刊，如《共产党宣言》《国家与革命》，以

①中国共产主义青年团（简称共青团），是中国共产党领导下的先进青年的群众组织，是党的助手和后备军。1921年7月，中国共产党正式成立后，1922年5月，成立了中国社会主义青年团；1925年1月，更名为中国共产主义青年团；1936年11月，全国各地陆续成立了民族解放性质的抗日救国的青年团体；1949年4月，更名为中国新民主主义青年团；1957年5月，中共中央决定更名为中国共产主义青年团，至今。

及陈独秀创办的《新青年》等。他的革命热情更加高涨，逐步树立民主革命的理想。

这时国民党右派反动气焰嚣张，大街上弥漫着恐怖气氛。任新民和他的小战友们却是初生牛犊不怕虎，利用学校的篮球赛或其他公共活动的机会，跳上一张桌子或站在高处，神采飞扬地进行演讲，宣传革命思想，高声呼喊“打倒列强，除军阀”“打倒封建”等口号。他们还经常在夜间或清晨到公共场所撒传单、贴标语。他们机智灵活，反应敏捷，等到校方和反动军警察觉，他们便化整为零，跑得无影无踪了。

此时，中国共产党组织了“冒埠暴动”[①]。作为共青团员的任新民积极报名参加。不巧的是，行动前他得了重感冒，并感染上了肺炎，连续几天高烧不退，

①冒埠暴动，发生于1930年12月。队伍聚集了500多人，尽管枪支弹药有限，很多队员手持土枪、大刀、长矛，但他们英勇善战，不怕流血牺牲，开始时打得敌人措手不及，并一度攻占了火车站。后来，敌人进行反扑，暴动队员进行了浴血奋战，但终因寡不敌众，暴动失败。

无奈之下，同学把他送回宁国家中治疗，很遗憾没有参加这次暴动。

暴动失败后，任新民也被清查，险些被学校开除。为免遭横祸，父亲将他送到了宁国县一个偏远的乡村去做小学教师。任新民犹如一只离群的孤雁，在迷惘、悲痛和彷徨中度日如年。他苦苦思索：“一个个鲜活而优秀的生命，为什么就这样忽然消逝了？”“中国该

向何处去?”

任新民在漫漫的长夜中备受煎熬，但每当他迎来新的朝阳，看到那些天真无邪的农村娃娃向他走来，跟他打招呼时，他心中又燃起了希望之火，逐渐振作起来。

任新民从学生身上找到了希望和责任，他暗暗下定决心——好好教书。他用全心全意的付出获得了师生和家长的称赞。同时，任新民利用业余时间复习初中的功课，并自学高中课程，寻找机会继续学习和深造，探求科技救国、科技强国之路。他经常鼓励自己：黑夜终究要过去，明天升起的将是一轮新的朝阳。

任家第一个大学生

1931 年，任新民参加了南京市秋季高中招生的考试，成绩名列前茅，被当时颇有名气的南京钟英中学高中部录取。从此，他开始了在南京的求学生涯。

他抱定科技救国的决心，在三年的高中学习生涯中，全身心地投入到了学习之中。他不遗余力地涉猎着各种知识，几乎到了痴迷的程度。他不仅上课时一丝不苟地认真听讲，将课内知识熟记于心，每次考试成绩都很优秀；而且博览群书，阅读了包括自然科学和社会科学的各种书籍、期刊，对历史书籍尤其感兴趣。

1934 年夏，他出色地完成了高中的学业，并以优异的成绩考入位于南京的中央大学化学工程系，任新民成了任家第一个大学生。

在大学里，任新民更加勤奋攻读，每天往返于宿舍、教室和图书馆这“三点一线”。他像一条不知疲倦的鱼，在知识的海洋中畅快地遨游。他不满足于课堂上老师教的内容，课余时间总是钻进图书馆，专心致志地钻研最新的科技知识。

同学们平时的聚会聊天，他总是熟视无睹，从不参与。当同学们议论社会局势时，他在一旁默默听着，偶尔插上一句四两拨千斤的话，同学们都觉得他深不可测。他为人忠厚，富有正义感，其他同学在学习上、生活上遇到困难，任新民经常给予帮助。因此，同学们都很喜欢他、敬重他。

第二章

赴美深造

学造兵器

1937 年 7 月 7 日，日本侵略者发动了震惊中外的“卢沟桥事变”，抗日的烽火燃遍祖国大地。国民政府军政部兵工署为了缓解兵器设计、制造人才奇缺的状况，决定招收部分大学生，到位于重庆的中央兵工学校大学部插班学习。

任新民得知这一消息后欣喜若狂，自己可以直接为抗击日本侵略者、为报效祖国出力了。他马上去报名并参加了考试，被录取到造兵系，学习枪炮设计、制造与使用。这时的中央兵工学校已迁往重庆杨安桥，他一路风餐露宿，赶赴重庆，开始了他从事军事科技工业的生涯。

这所学校的学员都是军人，教学和训练非常严格。学校注重理论联系实际，经常组织学员到兵工署 21

厂实习。任新民在中央兵工学校的学习非常专注，紧张的学习和浓厚的抗日氛围，使他的迷惘和失落被抛到了九霄云外。任新民学习的动力就是为中国人造枪炮，赶走日本侵略者。

光阴似箭，三年的紧张学习很快结束了，1940 年夏，他从中央兵工学校大学部造兵系毕业。在大学前后学了六年，所以，无论是基础理论知识，还是专业基础知识（化工、机械制造），他都烂熟于心，这对他后续从事专业技术工作奠定了良好基础。因为他学习成绩优秀，所以留校做了助教，后升任讲师，还兼任兵工署 21 厂技术员。

此时，太平洋战争已经爆发，日本侵略者封锁了缅甸通往中国云南的道路，中国急需的无烟火药无法运进。任新民和同事们经过反复研究试验，用黑火药代替无烟火药装填迫击炮弹，终于获得成功，解决了抗战火药的燃眉之急。

喜结良缘

毕业前夕，中央兵工学校大学部组织学生们到重庆附近的江津县去试炮。任新民从同学们的闲谈中得知，江津县有所中学的校长虞焕宗曾与自己的父亲在一起工作过。他前去拜访，却得知虞校长已经过世了。

任新民出于乡情和父辈的友情，去看望了虞校长的女儿虞霜琴。这位国立九中女篮的队长刚从球场上下来，见到任新民时有些惊讶，眼前这位身着军装的男青年中等身材，眉清目秀，微带棱角的面颊略显清瘦，透出干练和阳刚之气。平时爽朗健谈的虞霜琴多了几分拘束和紧张，反倒是沉默寡言的任新民一操起家乡话，话语顿时多了起来。这对年轻的老乡异地相见，好像有说不完的话，彼此之间留下了深刻的印象。

后来，他们开始了鸿雁传书，心灵的沟通越来越深入，两人情投意合。1941 年，任新民与虞霜琴正式订婚。

1944 年，在中央兵工学校和兵工署 21 厂干得很出色的任新民，被选送到美国辛辛那提磨床铣床厂公费实习。这对期盼深造的任新民来说是一个千载难逢的良机。虞霜琴竭力支持任新民的抱负与志向，支持他去美国。她决定在他赴美前结婚，这样两人就有一个共同的家，也便于她在国内照顾双方的老人。

1944 年夏，任新民和虞霜琴在《中央日报》上刊登了一个敬告亲友的简短的结婚启事，并在中央兵工学校的食堂里举行了简朴的婚礼，他们摆了三桌婚宴，招待双方的老师、同学和朋友。从此，这对年轻人开始了新的人生征程。

惜别妻儿

任新民与虞霜琴结为伉俪后，赴美的行程却迟迟不能确定。任新民一边补习英语，一边照顾已经怀孕的妻子。不久，启程的时间定下来了，是 1945 年 5 月 24 日下午。

可就在临行前一天，妻子提前临产了。任新民在医院的走廊里坐立不安，踱来踱去。他想到了自己走后妻子和孩子的艰辛生活，想到了还在安徽的父母和岳母…… 思绪万千，心乱如麻，真想索性不去美国了，安心照顾一家老小。

5 月 24 日清晨，产房里传出了婴儿的啼哭声。任新民欣喜地冲到产房门口，小心翼翼地抱起孩子。他凝视着儿子稚嫩红润的小脸蛋，嘴角情不自禁地上翘，露出了幸福的笑容，母子平安，他心满意足。

他望着爱妻疲惫、憔悴的面容，非常心疼，满怀歉意地问："我完全听你的，你说我走还是不走?"虞霜琴早有打算，细声细语但异常坚定地回答："当然要走，我会把儿子抚养好的。"听了妻子的一席话，任新民的内心充满了感激，他连声说："听你的，听你的。"任新民坚定了赴美的决心。

1945 年 5 月 24 日，任新民带着对妻儿的爱恋、祝福与信任，带着对满目疮痍的祖国的眷恋，告别了山城重庆，踏上了赴美的征途。

美国留学

位于美国东部的辛辛那提磨床铣床厂在世界机床界内名气很大，任新民在这个工厂实习了几个月。他认真观察，亲自操作，再加上细心揣摩，无论是在设计、生产方面，还是在管理、经营方面，都收获颇丰。他深切地感受到在美国可学习的东西太多了，强烈的求知欲使他逐步产生了在美国攻读学位、继续深造的念头。

有了新的目标，任新民每天除完成既定的实习任务外，还利用业余时间继续学习英语。为了筹到攻读学位的学费，他同时出去打工赚钱。

留学生活是紧张而艰苦的。尤其是第二次世界大战刚结束，美国也是物资匮乏，任新民初来乍到，人生地不熟，英语还没有完全过关，学习的课程又异常繁重；打工也只能干一些苦活、累活，真是身心疲惫呀！但求学的目标支撑着任新民，他没有畏惧困难，更没有退缩，而是以顽强的毅力和吃苦耐劳的精神，奔波于宿舍、学校和打工处三点之间。

实习结束后，他考取了美国密歇根大学①研究院机械工程专业的硕士研究生，开始了他在美国的研究生生活。

①密歇根大学（University of Michigan），创建于1817年，位于美国密歇根州，是美国历史上最悠久的公立大学之一，在世界范围内享有盛誉。密歇根大学建校以来，在各学科领域中成就卓著并拥有巨大影响力，被誉为“公立常春藤”和“公立大学的典范”，与加州大学伯克利分校并称美国公立大学两大巨头。

密歇根大学坐落在美国一个美丽而宁静的小城安娜堡，这里绿树成荫，芳草连片，环境幽雅，空气新鲜，一派田园风光，确实是读书和钻研学问的好地方。

任新民深知在美国的时间非常宝贵，他以最大的毅力克制自己必须集中精力，不能分心。除了维持生计必须打工外，他把几乎所有的课余时间都用来学习英语和钻研功课。他的英语水平提高很快，没过几个月，就可以比较流畅地同美国人交谈了，而且他的各门功课基本上都是A级。

留在国内的虞霜琴在战乱年代独自一人挑起抚育儿子的重任。由于手头拮据，她找了两份教学差事，每天奔波于两所学校之间，非常辛苦。

天有不测风云。1947年春天，任新民的父亲任海清因患肺病去世，年仅49岁。同年夏天，两岁的儿子得了脑膜炎，因为医疗条件有限而夭折。虞霜琴哭得死去活来，精神到了崩溃的边缘，大病了一场。她真想给任新民写封长信，诉说家中的不幸和自己的悲痛。

可为了任新民的学业，这位刚毅坚强的女性终于挺住了，她用巧妙的办法向任新民隐瞒了家中的遭遇，以防他分心。

正因为任新民全力以赴的刻苦攻读和妻子的鼎力支持，只用了不到四年时间，他就以优异的成绩相继通过了密歇根大学硕士和博士论文的答辩，获得了机械工程硕士和工程力学博士学位。

毅然回国

任新民取得硕士学位后，就被密歇根大学聘为助教。他获得博士学位前夕，被美国布法罗大学机械工程系聘为讲师，他是被聘请的唯一一位中国人。他有了一份稳定的工作，又承担了研究课题，工作和生活条件有了很大改善。夜深人静的时候，他更加思念伤痕累累的祖国和自己的亲人。

任新民时刻关心着祖国的变化，他翻看英文报纸，及时收听广播，从中获取时局消息。他仿佛听到了祖国解放的隆隆炮声，仿佛看到了中国人民解放军百万雄师过大江的壮观场景。他心潮起伏，恨不得立即插翅飞回祖国。

“梁园虽好，不是久恋之家。”1949 年 6 月 21 日，任新民乘坐英国邮轮从旧金山出发，没有想到由于战乱的影响，他的归家之路是那么曲折与漫长。经过近两个月的辗转、颠簸，他终于在8月初到达了天津塘沽港。他踏上了饱经沧桑的祖国大地，尽情呼吸着祖国的新鲜空气。他不顾旅途的劳顿，又马不停蹄地赶到上海。阴差阳错，前来上海接他的虞霜琴已返回家乡宁国。

无巧不成书，任新民到上海后，正遇上华东军区的军政大学在招募科技人员，招聘告示上写着他仰慕已久的陈毅[①]司令员的大名。任新民非常高兴，立即报了名，并被接收。

①陈毅（1901年8月26日－1972年1月6日），四川乐至人，1923年加入中国共产党。解放战争时期，历任山东军区司令员、华东军区司令员、华东野战军司令员兼政治委员、中原军区和中原野战军副司令员、第三野战军司令员兼政治委员。新中国成立后，曾任上海市人民政府首任市长、国务院副总理、中共中央军委副主席、中华人民共和国外交部部长。1955年被授予元帅军衔。

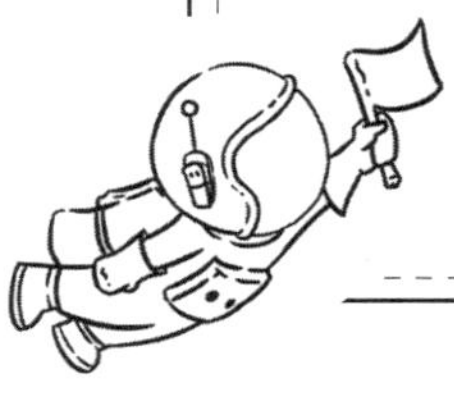

在军政大学报到后，任新民请假回宁国。自从1937年离家读中央兵工学校到现在，他已经十多年没

回安徽老家了。一路上，到处是载歌载舞欢庆解放的人群，喜庆的锣鼓震天动地，“没有共产党就没有新中国”“解放区的天是明朗的天，解放区的人民好喜欢”，嘹亮的歌声响彻云霄，好一派如火如荼、激情燃烧的场面。他既兴奋，又激动：“报效祖国有望了！”

历尽艰辛，任新民在 1949 年 8 月 5 日回到了阔别十多年的故土。

第三章

仿制导弹

良师益友陈赓院长

回国后不久，任新民就成为南京华东军区军事科学研究室的研究员。在这里，他第一次主持研制了固体推进剂的新型火箭。

1952 年 8 月的一天，他突然接到一封电报，要他赶去北京。原来，新中国第一个军事工程学院——中国人民解放军军事工程学院①即将成立。陈赓②接见了他，请他参加学院的筹建工作。

①中国人民解放军军事工程学院，因校址在哈尔滨，通称哈尔滨军事工程学院，简称“哈军工”。陈赓担任首任院长兼政委。哈军工于 1952 年开始筹建，1953 年 4 月 25 日基建破土动工，9 月 1 日举行第一期开学典礼。

1955 年初具规模，设有五个系和一个预科：一系空军工程系、二系炮兵工程系、三系海军工程系、四系装甲兵工程系、五系工兵工程系和预科。

②陈赓（1903 年 2 月 27 日 –1961 年 3 月 16 日），湖南湘乡人。1922 年加入中国共产党，1924 年入黄埔军校第一期学习。历经北伐、南昌起义、长征、抗日战争、解放战争、抗美援朝战争，为人民的解放事业立下汗马功劳。1952 年，毛泽东主席点将陈赓筹建哈军工。1955 年被授予大将军衔，是新中国国防科技、教育事业的奠基者之一。

筹建工作最困难的就是解决师资问题。任新民的任务主要是推荐教师人才，帮助已确定的调入人员办理手续。这项工作责任重大，有时还要“得罪人”。

陈赓对任新民反复叮嘱：“我们是求贤若渴，我们是求人家，要心平气和地做工作，切不可以‘尚方宝剑’压人。”任新民在陈赓的领导下，出色地完成了选调教授、专家及其他教学骨干的任务。在这一阶段的工作中，陈赓认真负责，雷厉风行，工作中高度的原则性和灵活风趣的作风，深深地感染了任新民。

任新民还参加了学院组织机构、系科专业设置等的讨论和制定工作，他有很多机会直接接触陈赓院长。

他从陈赓身上看到了顾全大局的宽广胸怀、镇定自若的大将风度和豁达乐观的英雄气概，对陈赓佩服得五体投地。

有一次陈赓感叹道，现在调人难，调有真才实学的老教授、老专家更难。这时，有人推荐了沈毅，此人留法归国，法语很好，是搞弹道和兵器制造的，不过他有贪污行为。经过调查得知，沈毅痴迷于建一个弹道研究所，贪污的钱主要是私自购买了一些搞弹道研究的仪器设备。

陈赓感慨地说："人才易失难得，何不化消极因素为积极因素？"陈赓给当时的负责人打电话，请求对沈毅从宽处理。当沈毅来到哈军工驻京办事处时，还戴着手铐。沈毅的手铐被打开后，他哭了，说自己死有余辜。陈赓握着他的手说："好好干嘛，犯了错误就改嘛！"

沈毅到哈尔滨工作后，保卫部反映沈毅表现不好，经常酗酒。陈赓立即提出："咱们一起去看看。"他们来到沈毅作为办公室兼宿舍的平房，一进门就感到寒气扑面，陈赓见墙边摆着很多酒瓶子，又一看炭炉子没生火，带着几分火气问道："屋里这么冷，怎么不生炉子呀？"沈毅指了指屋里摆放的书籍和资料，漫不经心地回答："如果失了火，我可是罪上加罪了。"陈赓关切地说："屋里这么冷，你受得了吗?"沈毅拽了拽披在身上的大衣，指着那些酒瓶子说："冷了就呷两口。"此时，沈毅酗酒的事才真相大白。

陈赓提起手中的拐杖，指着保卫部副部长的鼻子说："什么是官僚主义，你知道吗？你看见了吗?"陈赓当即责令院办公室主任："从明天开始，政治部的办公室，全搬到没暖气的平房，教授、副教授的办公室都搬进有暖气的楼房，三天搬完。"

任新民对这件事记忆深刻，感触很多。他几十年来一直恪守实事求是、一切从实际出发的原则，这与陈赓院长的言传身教密切相关。

与钱学森谈论火箭

1953年9月1日，哈尔滨军事工程学院正式成立。任新民被任命为院科学教育部教务处副处长，后被任命为炮兵工程系教育副主任兼火箭教研室主任，主要讲授固体火箭课程。

1955年11月25日，钱学森[1]一行到哈尔滨军事工

①钱学森（1911年12月11日–2009年10月31日），出生于上海，祖籍浙江省杭州市，世界著名科学家，空气动力学家，中国航天事业奠基人，中国科学院院士、中国工程院院士，“两弹一星”功勋奖章获得者。

1955年10月8日，钱学森返回祖国，10月28日抵达北京，11月23日钱学森一行到达北疆之行的第一站——哈尔滨考察参观。

程学院参观考察。在炮兵工程系的一个小火箭试验台前，钱学森停下了脚步。这是一个固体推进剂火箭试验装置，在这里，钱学森第一次见到了任新民教授，他很有兴趣地和任新民讨论了起来。

在观看固体火箭试车后，钱学森十分兴奋，称赞道：“不容易，你们的研究已有相当深度，尽管条件有限，毕竟已经干起来了嘛！能迈出这一步，实在是出乎我的意料。”

陈赓见时机已到，便问道：“钱先生，您看我们自己能不能造出火箭、导弹来?”钱学森在美国憋了一肚子气，脱口而答：“有什么不能的，外国人能造出来的，我们中国人同样能造得出来，难道中国人比外国人矮一截不成？！”陈赓听后十分高兴，握着钱学森的手说：“好，我就要您这句话。”

事后，钱学森、任新民才得知，陈赓是带着周恩来总理、彭德怀国防部长的指示，专程赶赴哈尔滨，听取钱学森对发展火箭、导弹技术的意见的。任新民在一旁听到他们的对话，心里非常振奋。过了一会儿，任新民拿出一份美国空军的训练教材，就固体推进剂的配方问题，与钱学森做了探讨，并交换了意见。钱学森还专门谈道：“要注意二战中德军 V-2 导弹袭击英伦三岛时，火箭的落点分布服从泊松分布规律的现象。”

钱学森对哈军工徐立行教育长说：“任新民教授是你们学院的火箭专家，我今天有幸认识了他。”徐立行说：“任新民教授等通过长时间的研究，撰写了《对我国研制火箭武器及发展火箭技术的建议》，前些天学院已经转报中央军委了。”徐立行还补充道：“任新民在南京华东军区军事科学研究院时就开始搞火箭研究了，至今也有五六年了。”

11 月 25 日晚，陈赓专门为钱学森举办了秘密而隆重的晚宴，任新民主陪。晚宴的主题是导弹。钱学森详细地分析了中国研制导弹的具体操作问题，其中的关键是自动控制技术和发动机技术，射程为 300 千米到 500 千米的近程导弹，弹体和推进剂用两年时间可以解决，80% 的工作量在于自动控制和动力系统。陈赓当即表示：“钱先生的话让我心里有底了，我们一定要搞自己的导弹。”

晚宴上进行了振奋人心的交流探讨，钱学森和任新民彼此较系统地交换了对发展导弹与火箭技术的见解，越谈越投机，相互间都留下了深刻的印象。临别时，钱学森紧紧握着任新民的手说：“我们一见如故，希望不久我们再见面，深入探讨一些问题。”两位教授真是遇到了知音，相见恨晚。从此，他们开始了半个多世纪的航天合作。任新民晚年曾回忆说：“我干航天工作是受钱老影响，钱老是我的导师，也是我的战友。”

接收 P-1 导弹

1956 年，中央发出“向科学进军”的号召，提出发展火箭、原子弹等新兴技术，并于当年 10 月成立了国防部第五研究院。作为该机构的组建负责人，钱学森将任新民纳入麾下，担任总体研究室主任、设计部主任等职。

国防部五院创建时期的工作是紧张而忙碌的。1956 年 11 月 30 日，苏军总部通知聂荣臻、陈赓，两发 P-1 液体近程弹道导弹（苏联仿制德国的 V-2 导弹）及其配套设备即将运往中国，同时还有 13 名专家随车抵达。1956 年 12 月，任新民接受了这一项紧急任务，由他带队前往满洲里接收苏联援助的两发 P-1 导弹及其辅助装备。

时值北国的隆冬季节，挂在满洲里招待所门口的温度计，已经是零下 30 多度，入夜则达到零下 40 多度。任新民虽已在哈尔滨经受过严寒的考验，但哈尔滨的寒冷要比满洲里逊色得多。但是，他责任在肩，容不得半点马虎。任新民冒着严寒，一次次到车站查看现场，研究警戒工作，为迎接“宝贝弹”做好各项准备工作。他这位离不开近视眼镜的人，更是遇到了困难，从寒冷的室外一跨进楼里，镜片上便结上了一层薄霜，雾蒙蒙的，什么都看不见了，每次总是要花费时间进行一番处理。

等啊，盼啊，苏联的专列终于驶达位于中苏边境的满洲里火车站。由于苏方为宽轨，中方是窄轨，P–1 导弹进入我国后，需要调换车皮，进行卸装。为了保密，调换、卸装任务只能在晚上进行。任新民不仅亲临现场进行指挥，提醒吊装、搬运中注意安全，检查有无泄密问题，他还毫不犹豫地加入卸装

导弹的行列，当起了搬运工。在零下40多度严寒的深夜，他戴着近视眼镜，深一脚浅一脚不停歇地干着。虽然不是20岁的小伙子，但他的精神头可不输给年轻人。他一看到那绿油油的导弹，想到离京时领导和同志们的嘱托，心里就热乎乎的，全身有使不完的劲儿。正是由于任新民和工作组的同志们夜以继日的工作，两发P-1导弹及其配件、备件等如期顺利地运到北京，他们圆满地完成了任务。

1956年12月29日，中苏双方在北京举行了两发P-1导弹交接验收及签字仪式，任新民作为中方代表在交接协议上签字。

任新民组织有关科技人员开展了导弹的拆装、测绘和材料鉴定等工作。任新民他们花费了半年时间，出色地完成了测绘任务，然后重新装配导弹。一个完完整整的P-1导弹又雄踞在库房中。

P-1导弹在我国导弹事业创建史上发挥了特殊的、开创性的启蒙作用。年轻的中国导弹科技队伍开始从感性上认识导弹，并学习了有关导弹的基础知识，这对中国导弹科技队伍的成长起到了奠基性的作用。

“1059”发动机总设计师

根据中苏签订的《国防新技术协定》[①]，1957 年 12 月 24 日，苏联的两发 P-2 导弹及一套地面设备经由满洲里运抵北京云岗，苏军一个缩编的 P-2 导弹营 102 人也同时到达。

① 1957 年 10 月 15 日，中苏签订了《国防新技术协定》。协定中明确，在 1957 年至 1961 年年底，苏联向中国提供几种导弹样品和有关资料，派遣专家帮助中国仿制导弹，增加中国派赴苏联火箭与导弹专业的留学生名额等，这使我国导弹事业的创建发展获得了新的契机。

中国决定对 P-2 导弹进行仿制。仿制型号被命名为“1059”，计划于 1959 年 9 月完成总装出厂，争取

国庆节试射。1958年5月，P-2导弹的仿制工作全面展开。国防部五院任命任新民为“1059”的发动机总设计师。

仿制并非易事。液体火箭发动机是导弹的心脏，仿制中不仅需要弄懂设计中的难题，还要攻克很多材料和工艺方面的技术关键。任新民要求我们的科技人员不仅要以主人的身份热情接待苏联专家，还要虚心地向他们请教，弄清楚图纸和资料中的各种问题，把苏联专家的知识全面学到手。还要与苏联专家一起下车间，解决各种技术问题。

任新民身体力行，处处起表率作用。他多次陪同苏联专家去工厂，要求工厂对每一个零部件的生产、每一道工序，都要一丝不苟地按要求严格执行，任何超过设计允许公差范围的产品都要做报废处理。

发动机总装完成后，还要解决推进剂的问题。苏联专家组总组长潘克拉托夫提出：液氧推进剂必须从苏联进口。液氧是超低温、高挥发性，且易燃易爆的流体，温度高于零下183度就会变成气态，如果从苏联向中国长途运输，那么一列车的液氧运到中国时还能剩下多少呢？

当时，我国兰州的化学实业公司生产液氧。任新民等提出，只有用我国自己生产的液氧，才是解决问题的唯一出路。他们将国产液氧的化验资料与设计技术要求相对照，认为国产液氧完全符合要求，可以使用。他们把化验资料送给发动机专家组组长施涅金，请他分析。施涅金反复验证了样品和试验数据，明确表示："中国生产的液氧性能符合要求，可以使用。"这个结论举足轻重，也更加坚定了任新民等使用国产液氧的决心。

自力更生建造试车台

仿制发动机要进行地面试车和各种试验，这需要建设试车台。1958年8月，当结束P-2导弹设计图纸、技术资料等的翻译工作时，科技人员惊讶地发现：竟然没有关键的发动机试车台和试车规程的资料。苏联专家傲慢地说："等你们的发动机搞成了，到我们苏联去试车。"任新民听后，又气又恼。他清醒地认识到，这是一个卡脖子的致命问题。如果我们的发动机都运到苏联去试车，那中国的导弹事业永远无法独立，永无出头之日。

他和同事们都憋着一股气，开始研究和摸索发动机试车台的设计与施工建设问题，任新民亲自担任试车台任务书编写组组长。

1958年冬季和1959年初春，天气异常寒冷，可他们心中却燃烧着熊熊的烈火，沉甸甸的责任感和发愤图强、为祖国争一口气的精神融在一起。他们下定决心，要在一年多的时间里建成我国第一座液体火箭发动机试车台，来解决 5D52 发动机试车的急需。

任新民带领同志们废寝忘食，每天工作到深夜，从学习、消化 P-2 导弹，特别是 5D52 发动机有关的文件入手，查阅和参考为数不多的国外有关试车台的资料，经过两个多月的研究讨论和分析计算，终于完成了试车台设计任务书的编写工作。

1959 年夏天，试车台的施工全面展开。此时国家工业基础薄弱，再加上国外的封锁，试车台的建设遇到了许多困难。任新民带领设计人员迎难而上，深入施工现场，同工人一起处理有关的技术问题。

国内还不能生产不锈钢材，他们就用国产的普通碳钢来加工推进剂容器。为了使普通碳钢不生锈，他们决定在推进剂容器内壁涂上一层锡（简称“挂锡”），但挂锡的工艺十分复杂、原始。大家先钻进容器里面用砂纸手工打磨除锈，然后用盐酸和酒精先后进一步擦洗干净，最后点燃酒精喷灯把锡块烤化，涂在加热过的容器内壁上。

有一次，由于使用了大量的盐酸和酒精，容器里充满了浓度很高的可燃气体，一打火，容器里的可燃气体立即发生了爆炸，巨大的气浪把一名工作人员如出膛的炮弹一般“发射”了出去，所幸没有人受伤。

1960 年 3 月，试车台经过试车后，终于通过了验收。10 月 17 日，仿制的 5D52 发动机进行 90 秒典型试车，这是中国航天人经历的第一次惊心动魄的大型地面试验。聂荣臻元帅、陈赓大将等领导都亲临现场指导，试车取得圆满成功！ 在一片热烈的欢呼声中，聂帅亲切接见了任新民等参试人员，同他们一一握手。昔日的良师益友陈赓大将还特地走到任新民面前，向老部下致以慰问和鼓励。

这一试车台为 P-2 导弹的仿制和后续的液体弹道导弹的研制立下了汗马功劳，是中国人自力更生和群策群力结出的硕果。

20 多年后，外国航天界的同行参观我国液体火箭发动机试车台时，异口同声地称赞：“中国人搞的有特色，走出了自己的路子。”任新民回应道：“在航天方面，美、欧、日是相通的，可以互相借鉴。中国过去没有这个条件，只能靠自己摸索，路是靠人走出来的。”

发射"东风一号"

正当我国1059导弹仿制工作进入最后关键阶段，苏联撕毁协定，撤走全部专家，单方面废除了双方合作的257个科研项目。只能下决心自己干！

1960年10月，中央军委批准成立了"1059"试射委员会。一分院第三设计部的参试人员由任新民带队。10月23日，装载着总装与测试合格的两发导弹的专列从北京出发，运往发射基地。

攀登科学高峰的道路不是一帆风顺的。11月1日，在北京进行了仿制的第二台发动机典型试车，发动机工作至55秒时，氧化剂泵发生爆炸，泵盖上的18个螺栓全部被拉断，泵盖飞出去30多米。正在发射基地的任新民得知北京试车爆炸的消息后，心急如焚。

此时发生这样的事故非同小可，它直接关系到1059导弹能否按原计划发射。身为液体火箭发动机设计部主任和发动机技术负责人的任新民，其压力之大可想而知。他进行了反复的分析后，明确表示，造成事故的原因已在装弹的发动机上得到了解决，并建议第一发1059导弹按原计划实施发射。试验队临时党委批准了这一建议。

1960年11月5日，就在苏联撤走最后一批专家后不到3个月，随着一声惊天动地的轰鸣，导弹尾部喷吐出一束橙红色的烈焰，发射台周围猛地腾起一股浓烟。3秒钟后，导弹呼啸着飞离发射台，直刺蓝天。只见导弹先是垂直上升，几秒钟后开始按程序转弯，最后变成一个亮点向正西方向飞去。7分32秒后，导弹准确击中目标。

中国人仿制的第一发液体近程弹道导弹一举发射成功！发射场内顿时传来了欢呼声，许多人的眼睛里含满热泪。聂荣臻元帅发表了热情洋溢的讲话：“在祖国的地平线上，飞起了我国自己制造的第一枚导弹。这是毛泽东思想的胜利，是工人、技术人员、干部以及解放军指战员辛勤劳动的结果，也是我军装备史上一个重要的转折点！”

中国导弹事业创业者们一鼓作气，乘胜前进。之后又发射了两发1059导弹，均获成功。至此，中国仿制P-2导弹的工作圆满完成。1964年3月12日，1059导弹更名为“东风一号”。

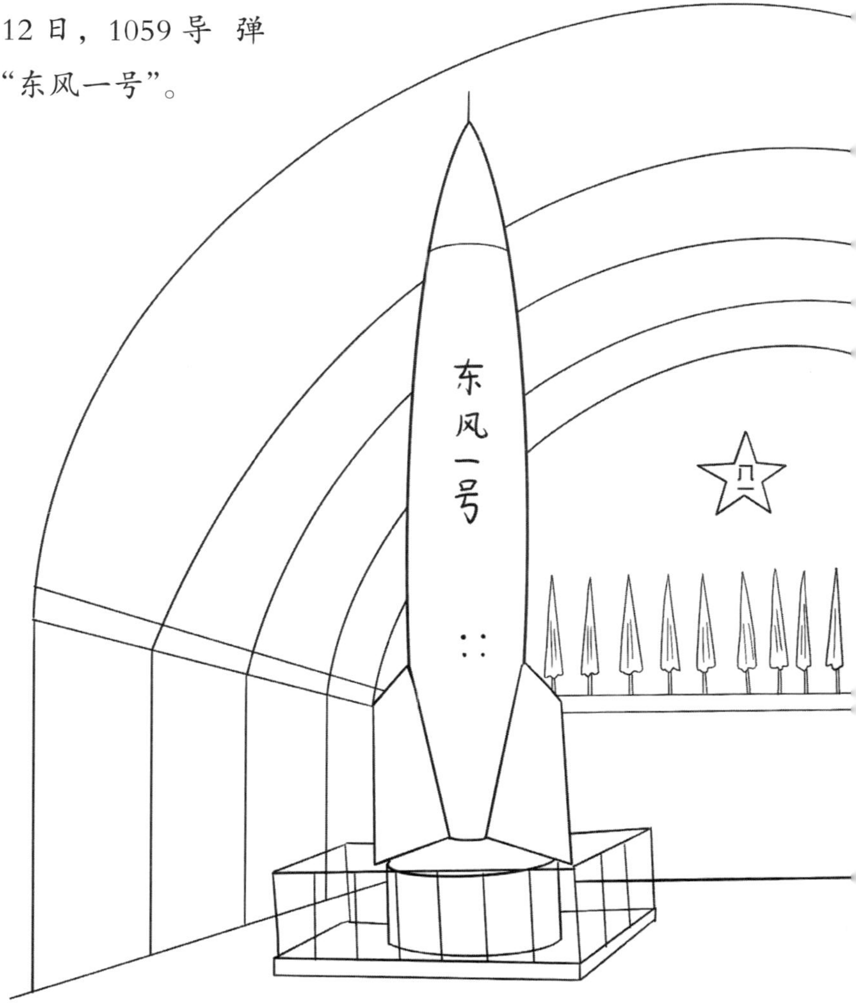

现在，“东风一号”矗立在中国人民革命军事博物馆拱形展厅的中央，用它那高大、威武的身躯，向观众们讲述着中国航天创业者们热爱祖国、为国争光的感人故事。

第四章

研制“东风”

“东风二号”首飞失利

1960年9月，国防部五院批准成立了“东风一号”和“东风二号”型号设计委员会，任新民任副主任委员。这两个型号的研制任务，特别是两个型号液体火箭发动机的研制重担，进一步明确地落在了任新民的肩上。

东风二号是在“1059”的基础上自行改进研制的，射程比“1059”增加一倍。从设计方案中可以清楚地看到，从“1059”到“东风二号”，改进最大最多的是液体火箭发动机，研制难度和技术跨度都相当大，需重新设计或改进设计106件组合件。任新民沉默寡言，从不叫苦喊难，可他心里十分清楚，自己肩上的担子有多重，但只能拼尽全力完成任务。

1962年3月21日，这是中国航天人刻骨铭心的一

天，我国自行改进研制的第一发东风二号导弹进行了首次飞行试验，导弹起飞后几秒钟，出现了较大幅度的摆动和滚动，偏离射面，18 秒时发动机起火，69 秒时，导弹在距离发射台不远处坠毁。这几个瞬时画面让所有人明白：发射失败了。

身在现场的任新民眼前一阵发黑，难过得快要窒息昏倒了，他觉得打了败仗，对不起党和国家。总设计师林爽绕着直径约 30 米的弹坑转圈，眼眶湿润了，喃喃自语：“这个坑是我的，我准备埋在这里了。”

任新民承受着巨大的压力，他自责地说：“不要追查责任，是领导对我们年轻的导弹队伍的关心和爱护，但不等于我们没有责任。我作为液体火箭发动机设计部的主任，负责 5D60 发动机的研制，我应负责。”接着，他又十分惋惜地说：“既然是试验，就有失败的可能，但也有成功的可能。我们没有争取到成功的可能，发生了失败的可能，说明我们的工作没做到家。”

任新民和同事们迅速展开了紧张的故障分析。针对发动机的问题，重新审查、修改设计方案，并举一反三，不放过任何疑点、难点和薄弱环节，将修改设计的重点放在了解决可靠性问题上，仅发动机就采取了 27 项改进措施，并修建了大型试验设施。

功夫不负有心人。1964 年 6 月 17 日，任新民组织了东风二号补充性全弹全程大推力试车，获得成功。1964 年 6 月 29 日，东风二号导弹在发射基地进行了飞行试验，首次取得圆满成功，这成为我国开始独立研制导弹的标志。后续又发射了 7 发东风二号导弹，均获成功。

年轻的中国导弹研制队伍初步掌握了自行设计改型导弹的技能，为后续的独立设计、独立研制奠定了坚实的基础。

“抱着老虎睡觉”

液体中程弹道导弹（“东风三号”）是我国第一个完全独立研制的新型地地导弹。

“东风三号”的 YF-2 液体火箭发动机的研制经过了艰难曲折的历程，YF-2 采用了多项新技术，攻关的任务比较重，难度也比较大。

首先面临的是推进剂的选择问题，科技人员决定使用可贮存的推进剂硝酸和偏二甲肼[①]。这一决策并非易

①偏二甲肼（jǐng），无色油状液体。有类似于氨的刺鼻气味，能很好地混溶于水、醇等极性溶剂中，长期暴露在空气中或短时间受高温作用会爆炸分解，具有强烈的吸水性。有毒，能强烈侵蚀皮肤，对眼睛、肝脏有损害。

事，当时国外的技术专家曾断言：使用偏二甲肼等于抱着老虎睡觉。因为用偏二甲肼作燃料，虽然可以提高发动机的比冲，但是它有剧毒。

在这一难题面前，任新民和同事们没有畏缩，他同军事医学科学院等单位的有关专家一起进行反复的分析、研究和试验，终于得出了有价值的结论：偏二甲肼有毒，但不是积累性的，人体可以通过自身的新陈代谢将毒素排出。他们还找到了解毒的特效药。

后来在发动机试车等研制工作中，凡接触偏二甲肼的人员，事先都服一片这种解毒的特效药。他们还进行了偏二甲肼理化性能的分析、测试，制定了使用时的操作规范。

1963 年 3 月 6 日，由任新民担任组长的国防部五院科学技术委员会液体火箭发动机组决定：中程导弹采用可贮存的偏二甲肼作燃料。决定指出，经过毒性和燃烧等研究性试验证明，偏二甲肼的毒性可防护，比冲高，能贮存，便于作战使用，符合作战武器的要求。最后，获得了国防部五院和国防科委的批准。任新民和同事们终于圆满地解决了我国液体火箭发动机采用偏二甲肼作燃料的问题。后来的液体弹道导弹和运载火箭的发动机也使用偏二甲肼作燃料。

一次，为了解决“长征三号”纵向耦合振动问题，任新民冒着偏二甲肼、四氧化二氮的团团浓烟和令人作呕的鱼腥味，跑到试车台前察看试验情况。一位与他非常熟悉又很崇敬他的老操作手劝他：“任总，现在不能上去，偏二甲肼对肝的伤害太大，还是等红烟消散再上去吧！”任新民不以为然地笑笑，风趣地说：“试验前不是吃了一片解毒药嘛！不吸点偏二甲肼中和中和，解毒药还有副作用呢！”他仍是“我行我素”地走了上去，看个究竟。

任新民和同事们明知山有虎，偏向虎山行，解决了偏二甲肼作燃料的问题。这对我国液体弹道导弹和运载火箭技术的发展，确实是一个突出的贡献。

沙漠寻“宝”

1964年，任新民作为一院的副院长，全面负责东风三号导弹的研制工作。1966年12月26日和1967年1月12日，“东风三号”第一、二发遥测弹进行了飞行试验，试验取得了基本成功。但这两发弹都出现了同一故障现象，即YF-2发动机的Ⅱ分机分别在工作到111.2秒和129秒时，推力下降，导致弹头未落入预定弹着点。任新民心急如焚，问题到底出在什么地方？

一贯追求“水落石出”的任新民不甘心，他决定去寻找“物证”，在导弹落区寻找与考察弹体及发动机的残骸，查明故障原因。

1967年1月，天寒地冻。任新民带领搜寻组乘运输机飞往落区指挥所。指挥所位于深入沙漠100多千米的马扎山附近。马扎山虽然名字里有“山”，可实际上既没有石头，也没有黄土和树木，稀疏的骆驼刺也很难看到，展现在眼前的只是无边无际的大沙漠，真是荒无人烟呀！指挥所坐落在一条半干涸的无名小河旁，几顶帐篷和一些高出地面一米多的地窖[1]就是工作人员的办公室和宿舍。

①地窖在沙漠里有很多优点，不仅冬暖夏凉，而且可以减轻风沙的侵袭。在地窖里，床单挂在空中，防止窖顶往床上灌沙土。在地窖里吃饭时需要低着头，弯着腰，用上身遮挡饭碗，防止沙子“突袭”。

任新民这位年过半百的留美博士，看起来既不像是专家，也不像是领导，和大家同吃、同住、同在大漠深处进行实地勘察、搜索，探究产生故障的症结。

搜索队一共 40 多人，准备实地搜索。任新民想参加搜索队，但大家都知道他是周总理点名要保护的专家，而且已经年过半百，所以极力劝阻任新民。他拗不过大家，只好坐镇指挥所。

这里多是软戈壁，一个沙丘接一个沙丘，低的沙丘有几米，高的有几十米，甚至上百米。搜索队只能不断地爬上爬下，艰难地行进着，向前推进得很慢。搜索进行到第四天下午，太阳快落山时，一位战士搜索到一块茶杯大小的黑色金属残片，经过鉴别，确认为是发动机的残骸。

队员们顿时精神大振，高兴地喊了起来："我们找到发动机的残骸了！"坐镇指挥所的任新民这四天里如坐针毡，坐卧不宁，一会儿思索着可能产生故障的原因，一会儿翻来覆去地查阅搜索队从现场发来的电文。

当任新民收到发现发动机残骸的电报后，再也坐不住了，尽管指挥所的领导和战士们一再劝阻，可都无济于事。第五天清晨，他在两位战士的陪护下，朝着搜索队前进的方向出发了。

第五天快到中午时，队员们发现了一块大的发动机燃烧室残骸。散开的横队一下子汇集到一起，大家兴高采烈地瞧着这个大"宝贝"，有的忙着拍照片，有的在清理黄沙，仔细察看。

突然有人喊了一声："任副院长来啦！"大家远远望去，只见任新民微倾着身体，右手拄着一根木棍，同两位年轻的战士一起，正风尘仆仆地向搜索队走来。队员们注视着这位被晒得黝黑又面容慈祥的老专家，

都为他不顾个人安危，不畏艰险，深入“寻宝”第一线的敬业精神所感动。大家怀着崇敬的心情争相和他握手，他和蔼地笑着说：“你们辛苦了！”虽然彼此分别还不到五天，却似久别重逢，感到格外亲切。

他们一起开始了紧张的搜索，终于大获全胜，其余的三个燃烧室和重要零部组件的残骸也都找到了。尽管这五天来，大家都没洗过脸、刷过牙，但搜索成功的喜悦，早已把疲劳赶到九霄云外了。大家说着、笑着，满载着“宝贝”连夜赶回了指挥所。

任新民和同事们察看着四个分机的燃烧室，“物证”确凿，终于查清了故障原因，并采取了有针对性的改进措施。

由于“东风三号”遥测弹的故障原因已经查明，故决定01批不再进行全程飞行试验，且01批导弹数量由8发改为5发，节省了3发。此次赴落区搜寻残骸真是太值了。

带病工作

型号研制工作总是一环扣一环，需要进行连续奋战。“东风三号”01 批遥测弹的飞行试验结束后，任新民和“东风三号”的研制团队又马不停蹄地开始了 02 批的研制试验工作。

此时正值“文革”动乱的高潮期，正常的科研生产秩序遭到破坏，产品的质量保证难以落实，他们在太原发射基地进行了合练，从中发现了一些问题。经任新民提议，并经军管会批准，1968 年 10 月 8 日至 20 日，对“东风三号”02 批遥测弹开展了总装测试前的设计、生产质量复查和事故预想工作。随后，任新民又带队出征太原发射基地，领导和组织“东风三号”02 批第一、二发遥测弹的全程飞行试验。

这个发射基地是新建的，地处塞北高原。塞北的隆冬季节天寒地冻，又逢国家经济困难时期，吃住条件比较差。担任试验队队长的任新民一如既往地与广大科技人员和工人同吃、同住、同工作。试验队住的是平房，去厕所要走几十米。塞北腊月的晚上，气温达到零下 30 多度，就上厕所这一条就够难为人的了。发射基地和试验队的同志们都让任新民搬到楼房里去住，可他说什么也不肯，再说他就急了。理由很简单：和大家住在一起，了解情况、研究和讨论问题方便。

可任新民毕竟是50 多岁的人了，工作上劳心费神，加上天气寒冷，室内外温差大，他得了重感冒，高烧近 40 摄氏度，他在昏迷中被送到了发射基地的医院。经过输液，终于退烧了，他感觉身体轻松了许多。

第二天，他坚决要求出院，医生们不同意。他扬了扬手里的文件说："导弹的试验工作正处在关键时刻，把我关在医院里，没病也得把我急出病来。"医生们说服不了他。同事们都了解他，没有充分的理由，他是不会改变主意的。所以有人又心疼又敬佩地说："他是一位 10 头老牛都拉不回来的犟老头儿。"最后，医院还是依了他，他带了些药返回试验队，同大家一起继续战斗。

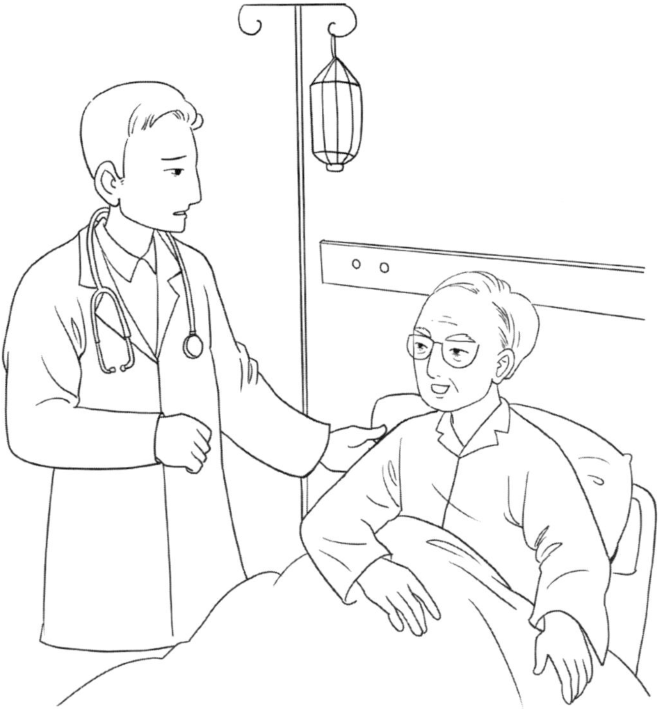

无论在技术阵地，还是在发射阵地，任新民都坚持在测试现场，从不放过任何一次测试检查，和大家一起观察发现疑点，研究解决问题，以求真正做到不带疑点、隐患和问题上天。1968 年 12 月 18 日和 1969 年 1 月 4 日，“东风三号”02 批第一、二发遥测弹飞行试验又获成功。

“文革”中被抄家

发射我国第一颗人造地球卫星东方红一号使用的运载火箭是“长征一号”，“长征一号”是在东风四号弹道导弹的基础上，加上固体发动机的第三级后研制成功的。1967 年 11 月 1 日，国防科委决定：将研制长征一号运载火箭的任务由七机部第八设计院移交给七机部一院。自此，任新民和研制“东风四号”的团队正式承担长征一号运载火箭的研制任务。

此时正是“文革”动乱时期，科研生产试验受到严重干扰，有时甚至被迫中断。任新民受命于危难之时，正当他殚精竭虑、全力以赴地抓型号工作时，一夜之间出现了所谓“叛徒”的大字报，这弄得他丈二和尚摸不着头脑。他在“文革”中虽未参加任何一派群众组织，也许是他太“红”了，而遭到了“枪打出头鸟”。

果不出所料，任新民被抄家了，他非常清楚自己的家底儿，结果当然没被抄出“爆炸性”的物证，只有些在美国时的照片。全家人都为此惶恐不安，他的老母亲也被红卫兵赶回安徽老家了。

想到自己可能被隔离审查和关押，任新民忧心忡忡：国家的重点任务可耽误不起，最可怕的是群众组织把你劫走，谁都找不到，东转西移，工作又干不了，完不成任务才是真正的罪该万死。他鼓起勇气找到了军管会的负责人，坦诚地说：“大字报、抄家可能就是被隔离、关押、审查的序曲。型号工作得赶快找接替的，以便及早把工作交接一下。”

军管会负责人望着这位带着倦意，眼里含着无奈的朴实老专家，听着他那视事业高于一切的坦诚话语，有些动情了。军管会负责人紧紧握着任新民的手，斩钉截铁地告诉他：“你是周总理批准保护的科技专家，你这个技术总负责人也是经周总理批准的，你继续干，而且要干好。其他的工作由我们做，抄家是错误的，抄的东西要送还，大字报要撕下来，你的安全问题由我们负责。”

平时就沉默寡言的任新民，此时更语塞了，只是连声激动地说：“好，好！请军管会放心，也请周总理放心！”

春节假期修整电缆

1970 年 2 月 5 日，“长征一号”要进行发射基地的合练，为发射我国第一颗人造地球卫星进行最后的技术准备。任新民被指定为合练试验队队长。

这支队伍以“东风四号”试验队为基础，从 1969 年 8 月进场，已连续战斗五个多月了，换季的衣服需要补充，又恰逢新春佳节，任新民决定队伍进行休整，试验队返回北京，正月初六返回发射基地。

之所以决定休整，任新民还有别的考虑：在东风四号导弹的测试中，地面和弹上的电缆布线很乱，电缆脱插[①]频繁出现问题，脱插有多余物或接触不良，严重影响测试的质量和进度，他要利用春节假期现场人员少的机会，将电缆网和脱插进行彻底的清理维修。

①火箭发射前，需要与地面测试发射系统连接，由地面测试发射系统供应电力、进行各系统检测和发射参数装定。火箭与地面测试发射系统连接的插头称为脱插。火箭点火前，脱插与地面测试发射系统自动断开的过程称为脱落。

回到北京的任新民也没有空闲，他不是在开会，就是在汇报工作。正月初二任新民和另外两名负责电缆网的科技人员就提前返回了发射基地。在发射部队的大力配合下，他们清理了全部电缆网，重新布线，并将全部脱插统统拔开，吹除之后再重新插好。他不仅在现场认真地检查、指导各个部位和脱插的操作，而且也当起了操作手，拿着工具亲自去布线、吹除。等到正月初六试验队返回发射场时，技术厂房的测试现场已焕然一新。

当同志们得知是任副院长亲自主持完成了这些准备工作后，都赞叹不已。电缆网和脱插情况的改善，不仅保证了合练的测试质量，也加快了合练的进度，保证了合练任务的按期完成。

向周总理汇报工作

1970年3月26日，首枚长征一号运载火箭及东方红一号卫星启程，运往酒泉发射基地。任新民担任“长征一号”试验队队长，并且是发射卫星工程指挥部成员。别看他年近花甲，身体却很硬朗。每天从早忙到晚，东奔西跑，一会儿爬上发射塔架，一会儿又进入地下测试室，了解、处理和决策各种技术问题，好像有使不完的劲儿，精力非常旺盛。

4月1日，发射场区接到通知，周恩来总理要听取钱学森、任新民等发射现场有关人员的汇报。他们立即进行了紧张的准备，带着戈壁的征尘乘专机赶回北京。

4月2日晚，任新民和参加汇报的人员一起步入了人民大会堂，他按着自己的习惯坐在了离周总理稍远且不显眼的位置。周总理环视着参会的人员，亲切地问：“任新民同志到了吗？”并指着自己身边的一个座位说：“任新民同志，到前边来，这是你的位置。”任新民起身坐到了周总理身边。

汇报会从晚上7点钟开始，一直进行到凌晨。周总理拿着一个小蓝皮本和一支铅笔，一边仔细地听汇报，一边不时地记录有关的内容。从运载火箭到卫星，从发射场到测控系统，从工程总体和各个系统到各个分系统和主要部组件。总理时而俯下身子认真地察看铺在地上的图表和数据，时而提出各种问题。这真不像是在向领导汇报，而是在接受一位专家和学者的质疑。汇报会连续进行了五个多小时，中间也没有休息。周总理毫无倦意，一直精神饱满地听着、记着、问着，并同有关领导和专家一起商量、讨论，现场拍板决定一些问题。

会后，任新民深有感触地说："周总理那么忙，党的大事、国家的大事，他都得操心，真是日理万机，可对我们的火箭、卫星又知道那么多、那么深，并给予了一些具体的、很有见地的指导，可见是下了工夫的。其学识、作风和钻研精神真是值得我们学习呀！"

返回发射场后，钱学森、任新民等传达了汇报会的精神和周总理的指示，广大参试人员备受鼓舞。

4月14日，在发射现场的钱学森、任新民等有关人员又乘专机飞抵北京，向周总理主持的中央专委会议汇报运载火箭、卫星的测试情况和发射前的准备情况。

会议对卫星安全问题十分关注，汇报中谈到卫星上是否安装过载开关①的问题。有人主张安装，认为“长征一号”的第三级还没有经过上天的考验，一旦第三级出现故障，卫星达不到第一宇宙速度，入不了轨，将带着《东方红》乐曲坠入大海，政治影响不好。在此时“文革”的氛围中，一提及政治影响，都不敢轻易发表意见。

①过载开关，是一个复杂的电子机械设备，如果第三级固体火箭工作正常，过载开关不启动、不工作；如果第三级出现故障，卫星失去推力，不可能达到12g以上的加速度，过载开关立即启动，切断卫星上的所有电源，这样就避免卫星播放着《东方红》乐曲坠入大海的政治事故发生。

这时，周总理走到任新民面前，停住脚步问道：“任新民同志，你是什么意见？”之前，任新民觉得自己是负责运载火箭的，还是先听听研制卫星同志的意见。现在周总理让自己发表意见，他也只好直说了。

“我认为卫星上最好不要装过载开关。根据目前的认识，‘长征一号’第三级在地面的工作，包括试验工作，是充分的，第三级的可靠性是有保障的。过载开关本身也有可靠性问题，也没有经过上天的考验，如果过载开关有强动作，发射一颗‘哑星’也是事故。另外去掉过载开关7千克的消极重量，有利于卫星安全可靠入轨。”

周总理听完后，在笔记本上记了些什么，回过头来说：“哦，你是这个意见!”此时时间已过了午夜12点，周总理对汇报会做了简要的总结，最后强调：“关于卫星装不装安全自毁系统的问题，我要向政治局和毛主席报告，在你们返回发射基地前通知你们。”周总理同与会代表一一握手告别。

4月17日清晨，已经返回发射基地的钱学森、任新民等接到总理办公室通知：“经党中央和伟大领袖毛主席批准，东方红一号卫星上不装过载开关。”

东方红一号卫星

1970年4月24日21时35分，随着响亮的“点火”命令，四个发动机同时喷出橘红色的火焰，“长征一号”托举着“东方红一号”徐徐升起，发动机喷出的十几米长的火焰光亮夺目，照亮了夜空。

当任新民在地下控制室的屏幕上看到火箭起飞的图像后，他和同事们拔腿便往外跑。地下室的通道又窄又长，他跑在最前面，后边急着往外冲的年轻人，看见前面的长者，都不好意思挤过去，只好耐着性子跟在后面。

跑到外面，只见美丽的火焰划破夜空，直奔东南方向而去，火箭越飞越远，越来越高，亮点越来越小。在欢呼雀跃的人群中，任新民显得很镇静，默默地自言自语：“一、二级可能正常分离了！”他又赶忙跑回地下控制室，广播里传来“捕获目标”“跟踪正常”“飞行正常”“二、三级分离正常”“卫星入轨”等一连串捷报。

21 时 50 分，国家广播事业局报告，收到了我国卫星播放的《东方红》乐曲，声音清晰洪亮。鸦雀无声的地下指挥室顿时沸腾起来，“我们成功了！”的欢呼声震天动地，连成一片，人们彼此握手、拥抱，激动得流出了热泪，这是千万人辛勤劳动而结出的硕果啊！这在我国航天史上具有划时代的意义，揭开了我国航天活动的序幕，宣告中华人民共和国开始进入空间时代。

平时喜怒哀乐不形于色的任新民，此刻似乎更沉静了，他站在发射塔架前面的广场上，望着那焦黑的导流槽，塔架上面空落落的，昔日天天抚摸、培育的“宝贝”已经遨游苍穹了，真像心爱的女儿出嫁一样，有些恋恋不舍之情。他在广场上踱来踱去，不时抬头仰望已归于沉寂的夜空，思绪万千。

4 月 28 日，正在酒泉发射基地组织撤收、撤场工作的任新民，突然接到通知，要求迅速返回北京，接受“重要任务”。

任新民等返京后住进总参一个招待所，被告知在

第四章　研制“东风”

此待命，不准外出。此时的北京春意已浓，可他还穿着冬装，招待所的人看到这位又黑又瘦、穿着怪异的老头儿，都有些纳闷。他整天走来走去，好像心事重重，还总有一位年轻人跟着，眼神和气质又不一般。招待人员嘀咕着，这可能又是一个被监护的“走资派”。后来，夫人虞霜琴给他送来了换洗的衣服，收拾了一番后，他才容光焕发。

“重要任务”终于揭晓了。根据周总理的指示，国防科委组织了由17人组成的卫星工程代表团，任新民是团长。

北京的“五一”之夜华灯璀璨、耀眼夺目，人们载歌载舞，沉浸在欢乐的海洋之中。5月1日，钱学森、任新民等17人组成的卫星工程代表团登上了天安门城楼，参加“五一”夜晚的观礼。细心而时刻挂牵着我国第一颗人造地球卫星发射的周总理，特意建议将他们安排在毛主席等党和国家领导人就位时的必经路旁。

人们盼望的时刻终于来到了，天安门广场响起了庄严而洪亮的《东方红》乐曲，毛泽东主席等党和国家领导人健步登上天安门城楼，毛主席一边走一边向群众挥手致意，当走到卫星工程代表团跟前时，周总理介绍说：“主席，这些同志就是成功发射卫星的功臣们，是中国放卫星的人。”毛主席连声说：“了不起啊，了不起啊！”然后同卫星工程代表团的代表一一握手。

毛主席、周总理等党和国家领导人的亲切接见，不仅是代表们的光荣和幸福，也是对我国航天战线上全体人员的极大关怀与鼓励。这是时代的最强音，激励和鞭策着中国航天人奋斗、拼搏。

“东风五号”发射成功

1975年6月30日，任新民被任命为七机部副部长，分管科研生产和型号研制工作。从此，他身上的担子更重了。

1974年11月5日，由“东风五号”改进研制的长征二号运载火箭第一次正式执行发射返回式遥感卫星的任务。起飞后不久，火箭就失去稳定，出现摇摆，且摆幅越来越大，安全自毁系统使爆炸器起爆，火箭自毁，残骸落在发射塔架附近。

1975年8月下旬，第二枚“长征二号”和返回式遥感卫星出厂，运往发射基地。国防科委副主任马捷和任新民奔赴酒泉，组织指挥这次返回式遥感卫星的发射。10月15日，毛泽东主席亲自批准遥感卫星发射任务。

重任在肩，任新民没有丝毫的懈怠，他同马捷默契配合，精心组织，沉着指挥，终于迎来了收获的日子。1975年11月26日，用“长征二号”第二枚运载火箭成功地发射了返回式遥感卫星，并按预定计划在11月29日成功地在贵州安顺地区回收，使我国成为继苏联、美国之后，世界上第三个掌握卫星回收技术的国家，为1975年“三星高照”（另两颗星分别是7月26日、12月16日用风暴一号运载火箭成功发射的技术试验卫星）做出了重要贡献。

在这一段时间内，任新民一直坐镇酒泉发射基地，组织指挥这次大型飞行试验。他同广大参试人员一起，按照周总理提出的“严肃认真，周到细致，稳妥可靠，万无一失”的方针，精心进行测试检查，并适时地对重大问题做出分析、判断和决策。

1980年5月18日，这是我国液体弹道导弹发展史上具有重大意义的日子。

作为七机部副部长的任新民又同国防科委副主任马捷，坐镇酒泉发射场，组织指挥了“东风五号”的全程飞行试验。10时整，随着一声“点火”口令，矗立在发射塔架上的巨型乳白色“东风五号”导弹拔地而起，直插云霄，飞越银川、太原、石家庄、济南等城市上空，跨越碧波万顷的西太平洋，直向南太平洋预定海域飞去。

大约半个小时以后，等候在南太平洋落区的远望号测量船上的参试队伍沸腾了，参试人员翘首远眺，看见一个亮点钻出云层，瞬间成了一个大火球，由橘红色变成了银白色，呼啸着划破长空，化作一道耀眼的白光，直向预定海域奔去，弹头“扑通”一声入海，激起的水柱有上百米高，荡起千层波涛，无比壮观。

首发“东风五号”全程飞行试验取得圆满成功！

第五章

卫星通信

预先研究

卫星通信工程①是我国20世纪80年代以前规模最大、涉及部门和单位最多、技术最复杂、技术难度最

①卫星通信技术是从20世纪60年代开始发展起来的，是以通信卫星作为中继站的现代通信技术。只要在赤道上空的地球静止轨道（距地球表面35800千米、与地球同心、与赤道同面的轨道）布置3颗通信卫星，即可实现覆盖全球的通信。

卫星通信具有传输距离远、通信容量大、传输信息的质量与可靠性高、远距离通信价格便宜等优点，已发展成为一种很重要的现代通信手段，可以传递电视、广播、电话等各种信息。

卫星通信工程包括五大系统：通信卫星系统、运载火箭系统、测控系统、发射场系统、地面通信站系统。

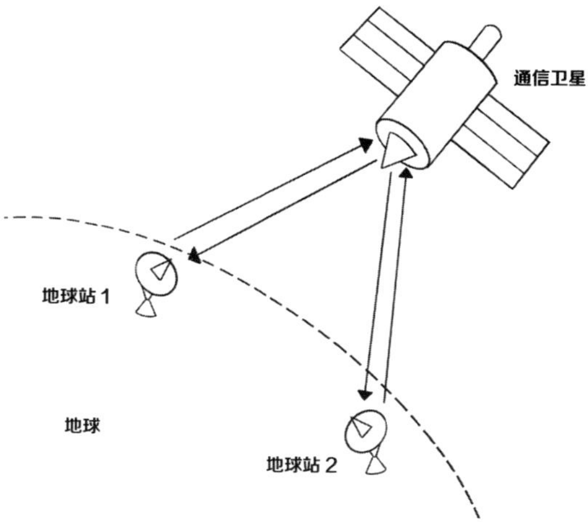

大的大型航天系统工程。任新民自始至终领导和参加了这一工程的研制和发射。他曾担任试验和实用卫星通信工程（“331”工程和“331 甲”工程）总设计师，在前后 20 多年的时间里，他将自己的心血和汗水洒在了“331”工程和“331 甲”工程上，浇灌和培育出了长征三号运载火箭和东方红二号、东方红二号甲通信卫星，并为长征三号甲运载火箭和东方红三号通信卫星的研制奠定了坚实的基础。

早在 20 世纪 60 年代初，任新民洞察世界航天技术发展的动态和趋势，他认定：发展卫星通信技术迫在眉睫，发射通信卫星需要能将通信卫星送入地球同步转移轨道的运载火箭，这种运载火箭的上面级需要高能、低温的液氢液氧发动机。突破低温技术、研制氢氧发动机是迟早的事。

基于此，经他提议成立了氢氧发动机工程组，搜集、整理、研究关于氢氧发动机的技术资料，梳理并明晰研制氢氧发动机需攻克的关键技术，开始进行一些关键技术的研究与试验工作。任新民每个月都要听取这个工程组的工作汇报，部署后续工作。

尽管处于“文化大革命”的动乱时期，但由于任新民的鼎力坚持和有关科技人员的积极努力，氢氧发动机的预研工作和有关的设施建设工作，取得了积极进展。1971 年 1 月 16 日，进行了液氢液氧推力室的挤压式热试车，首次点火成功，然后又进行了多次试车和试验。1975 年 1 月 25 日，试验型氢氧发动机（YF-70）首次试车基本成功，推力为 25 千牛，工作时间为 20 秒。这些成果都为氢氧发动机 YF-73 的立项与研制、三级采用 YF-73 的“长征三号”的立项与研制奠定了基础，促进了我国卫星通信工程和以新的 YF-75 氢氧发动机为三级的“长征三号甲”系列运载火箭的研制。

凡事预则立，不预则废。这也是任新民的科学技术思想，抓预先研究，搞好技术贮备。这是航天型号工程研制快、好、省的必然途径；也只有如此，才能实现航天型号技术性能指标、研制进度、研制经费的综合最优。

一字改变命运

自 20 世纪 70 年代中期起，通信卫星工程成为我国航天事业发展的重点任务之一。1974 年 3 月 31 日，任新民参与制定的《关于发展卫星通信问题的报告》得到中央批复，由此拉开了中国航天史上著名的代号为“331”的通信卫星工程大幕。

“331”工程是任新民一生中主要的代表作之一，他为之倾注了极大的心血和汗水，他自始至终领导和主持了这一工程的研制，特别是 1978 年后，又担任了“331”工程的总设计师，更是一门心思地扑在这项工作上。

“331”工程的难题比比皆是，其中一大关键就是长征三号运载火箭的研制。“长征三号”为我国通信卫星的发射立下了汗马功劳，辉煌背后，则有一段关于运载火箭是采用三级为氢氧发动机的“长征三号”，还是采用三级为常规推进剂（偏二甲肼和四氧化二氮）发动机的长征四号运载火箭的激烈争论。

对技术问题有不同的看法，存在争议是正常现象。“氢氧发动机在当时是一项新技术，只有一两个国家采用过，风险比较大。”任新民根据收集的资料和自己的研究，特别是1976年3月12日，YF-73氢氧发动机试车首次取得成功，他更坚定了采用氢氧发动机方案的决心。

任新民认真对比了二者的每一项性能，采用高能低温的液氢液氧为推进剂的三级发动机，可以提高运载火箭的地球静止轨道的运载能力。

他如数家珍地列举了我国航天科技工业已取得的科技成果、已有的研制试验设施和科研生产条件，坚定地表示：“干事情总是有困难、有风险的，但目前已具备了基本条件，只要我们正视困难，知难而进，勇于登攀，就没有过不去的险关隘口！”

任新民鼎力支撑着氢氧发动机的研制。1978年8月，国防科委召开会议，将常规三级发动机运载火箭的方案作为发射通信卫星的第一方案，正等待国防科委审定签发。此时，任新民正率领中国宇航学会代表团访问日本，得知这一消息，心急如焚，急忙从日本回国。

他十分清楚，根据此时国家的财力、人力、物力等条件，只能搞一个方案，如果将氢氧发动机方案作为第二方案，那氢氧发动机搞成搞不成，搞到什么时候，都很难预料，这事关中国氢氧发动机的命运。

第二天，在国防科委召开的会议上，他直言不讳地陈述了自己的意见和根据，阐述了三级采用氢氧发动机方案的必要性和可能性，并强调了研制氢氧发动机的技术意义。他铿锵有力地说：“氢氧发动机这个台阶迟早是要上的，我们现在完全可以上得去，我可以立军令状。”

任新民还去了国防科委马捷副主任的办公室，向马捷作了更为详细的汇报。他诚挚而恳切地表示：“将氢氧发动机方案作为发射通信卫星的第一方案，我是有信心，有把握的。”

马捷副主任和任新民是老搭档了，从一起指挥发射返回式遥感卫星、发射地球同步轨道卫星的发射场区选址，到一起出访日本，马捷对任新民这位老专家的事业心和责任感由衷地敬佩，此时，更是被他的诚心和决心所感动。最后根据任新民的意见，将常规三级发动机方案作为第一方案的“第”字改为“另”字。从一定意义上讲，这一个字就改变了我国氢氧发动机的命运。

自此，长征三号运载火箭及 YF-73 氢氧发动机的研制工作开始驶入快车道。

解决两个难题

对于中国人，将卫星送入距地球表面35800千米的地球同步轨道，是开天辟地的第一次，也是中国卫星的新高度。1983年9月、10月，东方红二号卫星和长征三号运载火箭，分别运往西昌卫星发射中心。任新民一如既往，随队征战。在测试检查中，发生了两起过去从未遇到的令人头疼的难题，这又一次考验了任新民实事求是的作风和敢于决策的能力。

第一个难题是发现一级发动机在运输时没有安装保护拉杆。任新民到现场查明了情况，并找出了技术文件，斩钉截铁地决定："技术文件明文规定，运输中要装保护拉杆，现在技术文件没有修改，又没有实测的运输中的振动数据，只能是换发动机。"随后，他十万火急地落实了从上海空运新的发动机，并安排了发动机的更换工作。

他看着换下来的发动机，打入“冷宫”不就成了废品吗？这是几百万元人民币呀！他打电话给上海的长征三号副总设计师孙敬良①，请他亲自组织第二枚长征三号的运输进场，并实测运输中的振动数据。根据实测数据，判定运输振动对换下来的发动机影响不大，可以继续使用。后经发射实践证明，这台发动机工作正常，为国家节省了数百万元人民币。

①孙敬良，1930 年 7 月 14 日生于山东莱州。液体火箭发动机与运载火箭设计专家。1958 年毕业于苏联茹科夫斯基空军工程学院。上海航天局研究员、“711”卫星工程副总设计师、长征二号丁运载火箭总设计师。1995 年当选为中国工程院院士。早期从事液体火箭发动机的理论研究和研制工作，主持多种火箭发动机的研制和改进，创造性地解决了大型液体火箭发动机燃烧不稳定的技术难题。

第二个难题是长征三号加注完偏二甲肼、四氧化二氮后，陀螺平台出现了“倒台”故障。任新民处惊不乱，镇定自若地说：“肯定是要换平台了。过去出现过的问题出现了，未出现过的问题也冒出来了！好啊，我们通过处理这些新冒出来的棘手问题，也是增长见识、积累经验啊！”

更换平台，不仅要拆卸卫星整流罩，要将卫星运回技术厂房，更为复杂的是已加注到贮箱里的偏二甲肼、四氧化二氮，在海拔1800米的1月份，温度会下降，难以保证发动机的正常工作。第二天指挥部要召开会议，对换平台的工作程序作出决策。

深夜，任新民躺在床上辗转反侧，“泄推进剂并非易事。”“发动机试车对推进剂温度的要求到底是多少?”“贮箱装着推进剂这样大的热容体，推进剂的温降速度有多快？能否对贮箱采取保温措施?”

第二天一大早，任新民就向指挥部会议请了假，来到发动机研制单位的宿舍，同有关科技人员对是否泄出推进剂的问题进行讨论。情况越议越明，他马上打电话：“对泄出推进剂问题缓作决定，我一会儿就到。”

在会上，他讲明了情况，最后决定：在更换陀螺平台时不泄出偏二甲肼和四氧化二氮，夜间对贮箱采取保温措施，比如用棉被和塑料泡沫将贮箱包起来；白天有太阳时晒太阳，启动遥测，监测贮箱内推进剂的温度，并采取严格、严密的保卫措施，确保安全。

决策后，他亲自组织，精心指挥，在指挥部各位领导及广大参试人员的大力协同、密切配合下，终于化险为夷，保证了测试与发射工作顺利进行。

70天创造奇迹

数万人十多年的辛勤耕耘、浇灌，几千人四五个月紧张而精心的测试检查和排除故障，“331”工程终于迎来了横空出世的这一天。

1984年1月29日晚8时24分，随着“点火”的口令，在发动机启动的轰鸣声中，“长征三号”托举着“东方红二号”拔地而起，直插云霄。指挥控制大厅里，参试人员紧张地望着大屏幕，不时发出热烈的掌声和欢呼声。

任新民目不转睛地盯着发动机的推力曲线和燃烧室压力曲线，看到二次点火后的三秒钟，燃烧室压力开始下降，并迅速下降为零，他的心好像掉进了刺骨的冰水中，沉痛地说道：“还鼓什么掌，发动机出问题了！”在场的非专业人员还有些纳闷，都愣了。任新民拎起提包就往外走。在汽车上，死一样的沉寂让人透不过气来，司机问秘书："怎么样?"秘书回答："回去再说。"任新民只说了三个字："没成功。"

作为工程总设计师并一直亲自抓"长征三号"研制工作的任新民，其压力自然很大。尤其是故障就出在他一直力挺的氢氧发动机上。面对挫折和众说纷纭，他内心的苦涩是不言而喻的。

任新民顶住了压力，本来就比较严肃的面孔似乎板得更紧了，几乎没有一丝笑容。他摒弃了各种质疑，静下心来，带领有关科技人员以遥测数据为依据，进行深入、科学而细致的故障分析工作。经过反复的分析、计算和讨论，认为有两种故障模式。工程总师任新民决定采取三大改进措施。

1984 年 2 月 21 日，任新民风尘仆仆地赶回北京。第二天向中央军委张爱萍副秘书长汇报工作。张爱萍开门见山地说："方方面面关于'331'工程要不要在今年 4 月底以前组织第二次发射的各种意见，我都知道了，都不用讲了。今天，我就听从前方回来的工程总师任新民的意见。任新民同志，你讲吧!"

任新民深知自己的责任与压力，字字句句都关系到"331"工程的前途和命运，也关系到成千上万的参研、参试人员，特别是在发射现场连续奋战四五个月的广大科技人员、工人、干部和解放军指战员的重托。他抖了抖精神，重点汇报了发生故障的两种模式和所采取的三项改进措施。他提高了嗓门，坚定而充满信心地说："长征三号第一次发射故障的原因和机理是清楚的，所采取的措施是有效的。"最后，他用请战的口气说："我认为有把握继续组织第二次发射，而且能够在4月底以前实施发射。"张爱萍批准了任新民的请战，决定在4月底以前实施"331"工程的第二次发射。

领回了组织"331"工程第二次发射的任务，任新民的内心充满了激动和兴奋，但他更清楚自己肩负的责任。此时春节刚过，他顾不得与家中亲人团聚，当天下午就乘飞机抵达成都，又马不停蹄地返回西昌卫星发射中心。

在成都开往西昌的火车上，他又打开了思考的闸门："现在采取的三项措施是有效，但对富氧爆燃还没有治本呀！"他反复地同秘书念叨着。突然，灵光一现，他像找到金钥匙似的，在一张纸上画着，"在发动机启动时增加液氢的流量，改变混合比，不就彻底解决富氧爆燃了嘛！"

第二天清晨回到试验队驻地，他一下汽车，没顾上吃早饭，就同氢氧发动机的主要研制人员一起开会，向大家讲述他的设想，商讨采取这一措施的可行性及工作量等。大家都非常赞同他的想法，将这一措施命名为增加液氢旁路系统。

会后，他三口并作两口地吃完了早饭，随即来到技术厂房的运载火箭旁，察看氢氧发动机的实物，量尺寸，看发动机管路的分布，研究增加液氢旁路系统的可行性。经过反复讨论，用了两天多的时间，就拿出了设计方案，并绘制了图纸。

1984 年 4 月 8 日 19 时 20 分 02 秒，随着一级发动机点火后震耳欲聋的轰鸣，“长征三号”连同它运载的东方红二号卫星拔地而起，飞向太空！

此时，任新民的心已提到了嗓子眼，他深吸一口气，一边听广播，一边死死地盯着运载火箭加速度的曲线。很快，广播里传来“三级二次点火正常”“三级飞行正常”“三级二次关机正常”“星箭分离”“卫星起旋”的声音。他似乎不相信自己的耳朵，仍紧盯着大屏幕上的曲线。星箭分离后火箭就圆满完成了任务，他们成功了！

这时，他才擦了擦额头上的冷汗，数月来紧锁的眉头才舒展开来，露出了淡淡的笑意。他像演员谢幕似的，同前来祝贺的同志们边握手，边连续地说：“谢谢同志们，大家辛苦了！”

自 1984 年 1 月 29 日“长征三号”第一次发射出现失利后，到 4 月 8 日成功地实施第二次发射，共用了 70 天时间，创造了国内外航天史上的奇迹。

法国阿里安火箭在 1980 年 5 月 23 日第二次发射失败后，再次发射整整用了一年的时间；1986 年 1 月 28 日，美国挑战者号航天飞机发生爆炸后，再次飞行用了两年半的时间。中国航天仅用了 70 天时间就解决了氢氧发动机经过长时间滑行、高真空、失重条件下启动这一重大技术关键。这一创举彰显了中国航天人特别能吃苦、特别能战斗、特别能攻关、特别能奉献的精神风貌。

一字千金的签名

1984 年 8 月 24 日，国防科工委任命任新民为“331 甲”实用卫星通信工程总设计师。

1986 年 2 月 1 日，任新民在西昌卫星发射中心主持了第一颗实用通信卫星——“东方红二号甲”的发射。就在这次发射中，经历了一次惊心动魄、至今也没有彻底破解的风险决策，从中更彰显了任新民镇定、果断、勇于担当的品格。

发射前，三级氢氧发动机进入地面预冷，“射前 15 分钟准备”的口令已经下达，塔架上的最后一批人员已经撤离。在发射控制室里的任新民接过秘书送上的发射任务书，正要签字，广播里突然传来了氢氧发动机舱氢浓度升高的消息。

任新民一听，脸马上沉了下来，“啪”的一声合上发射任务书的夹子，严肃地说："这还怎么签？！"随即小跑着，径直奔向氢氧发动机那层的发射塔架平台。

他直接问搞氢浓度检测的510所的同志："你们认为氢浓度为什么升高？"对方回答说："可能是氧的液化和固化温度高，可能先固化了。"任新民锐敏地反问："那真空度为什么没提高？"对方嗫嚅地说："这我就说不清了。"塔架的平台上鸦雀无声。任新民最后平和地问："根据你的判断，液氢贮箱泄漏的可能性有没有？"510所的同志回答："不大可能。"

在场的众人谁也没有发言，空气凝重得让人喘不过气来。这时有人问："任主任，打不打？"任新民坚定地回答："打！"回到发射场坪上，大家彼此对视，谁也不开口。任新民在发射任务书上郑重地签上了自己的名字，"任新民"三个字力透纸背，一字千金，这就表示他扛起了发射成败的重责。

这枚“长征三号”不负众望，成功地将东方红二号甲通信卫星送入预定轨道，这颗卫星成功定点和投入使用，达到了设计要求。

事后谈起此事，任新民心有余悸地说：“这也是无奈之举，属于风险决策。第一，这枚‘长征三号’是当时‘打二备三’剩下来的，已经没有可换的贮箱了；第二，当时党和国家领导人以及各部门的领导都聚集在西昌卫星发射中心的指挥控制大厅，如果推迟发射，那影响就大了。逼上梁山呀！但我也有个基本判断，那时氢浓度增高的速度很慢，若是贮箱泄漏，那氢浓度会升高很快。如果说是检漏设备氦质谱仪的问题，那也没法查到证据。”

在这千钧一发之际，任新民果断地签下自己的名字，足见他敢于负责、敢于决策的胸怀与魄力。

第六章

“风云”总师

70岁立军令状

1984年8月24日，任新民正式被国防科工委任命为风云一号试验气象卫星工程总设计师。

1985年，航天部开展了航天型号的清理整顿工作，围绕风云一号试验气象卫星是使用“长征四号甲”还是使用改进的“长征三号”发射的问题进行了讨论，两种意见各执一词，势均力敌。

当初反对将“长征四号”作为发射地球同步轨道通信卫星第一方案的任新民，在多次会议上，坦诚而坚定地阐述了他的观点：“原来我是不主张‘长征四号’立项的，因为我相信氢氧发动机和三级为氢氧发动机的‘长征三号’是能够研制成功的，我们应该集中力量研制‘长征三号’。但现在，‘长征四号’及其改进型‘长征四号甲’的研制工作，已经完成了百分之七八十，再花少量的经费，就可以研制成功以常规推进剂发动机为三级的运载火箭，何乐而不为呢？！”

他加重语气地说：“如果‘长征四号甲’下马，需要一笔下马费；再加上用‘长征三号’发射极地轨道的风云一号卫星，还要进行改型研制，还得需要一笔改型研制费，这两笔经费加起来，比续研‘长征四号甲’所需的经费要多得多。花相对少的钱，还拿到另一种可供选用的运载火箭。哪个划得来呢？”

他环视了一下在座的各位，动情地说：“张钧同志（航天部原部长）讲过，十月怀胎，一朝分娩，如果怀孕七八个月再打胎，会伤母体。‘长征四号甲’就是已经怀孕七八个月的胎儿，如果让其下马，会伤及母体上海航天局的士气。要三思啊！”

这时，有人提到“长征三号”已有三次发射的实践，两次已圆满成功，是比较成熟和可靠的运载火箭，而“长征四号甲”发射成功的把握有多大呢？任新民有些激动，他“腾”地一下站了起来，斩钉截铁地表示：“我能够和大家一起研制成功三级为氢氧发动机的‘长征三号’，也能够带领大家研制成功三级为常规发动机的‘长征四号甲’。我可以立军令状，如果研制不成功，我负全责，也可以坐牢、砍头，别看我70

多岁了，坐几年牢还没问题！”

争论和辩论持续了一段时间，后来，航天部党组做出决定：继续研制长征四号甲运载火箭，用它发射极地轨道的风云一号试验气象卫星。

在技术上不同意见的争论和辩论是正常现象，真理越辩越明，这件事正是贯彻发扬技术民主的典范。任新民作为一位老专家不回避矛盾，直言不讳，这正是其事业心和责任感的体现。

后来形成了长征四号甲系列火箭，包括长征二号丁，长征四号甲、乙、丙等，长征四号甲系列运载火箭已成为我国主力运载火箭之一。

发射“风云一号”

“长征四号甲”的研制工作如火如荼地展开，任新民觉得自己“一言既出，驷马难追”，他心中有一个军令状，因此，他对“长征四号甲”及后续运载火箭的研制，付出了更多的心血。

此时的任老总已经七十多岁了，但他坚持和试验队同吃、同住，谢绝任何照顾，和大家打成一片。他的牙不好，有时试验队的厨师给他做碗面条，他都不肯，理由很简单，不要麻烦人家。他从不搞特殊，也不允许别人为他搞特殊。

他像年富力强的科技人员一样，在发射场区各厂房东奔西跑，在发射塔架上爬上爬下，从早忙到晚，真有一股豁出这条老命的拼搏劲儿。

有一天，在发射塔架仪器舱所在的平台上，细心而负责的随队医生，一眼就搜寻到了任老总。

这位可亲可敬的老人有些消瘦，从其布满血丝的双眼中可以看出他的疲惫和焦躁。医生请他量血压，他就是不肯量。在医生再三的劝说和恳求下，他只好让医生给他听了心脏、量了血压。看到血压计上的数字，医生惊呆了，可又不敢立即告诉他，只是连声说：“略高一点儿，您需要回宿舍休息。”他当然不肯。医生说：“任老总，请您休息既有利于您的身体和工作，也是我的职责！”

一提到职责，任新民反应很快，半开玩笑地回敬道：“你有你的职责，你的职责是让我休息；我有我的职责，我的职责不能让我休息。你看现在到啥时候了，时间紧张啊！”弄得医生无话可说。

由于他的坚持，直到在塔架上的测试工作结束后，他才回到试验队的宿舍。事后，医生在他的血压基本正常时才道出了“天机”：“您那天在塔架上的血压已冲出了血压计的量程，而且心动过速。我又不敢直说，怕您一紧张出问题。”任新民听后若无其事地淡淡一笑：“没事的，我的血压是神经性的，紧张劲儿一过就正常了。”

在两个多月紧张而繁忙的测试检查中，任新民始终坐镇太原卫星发射中心，深入测试检查的现场，掌握第一手的测试、检查数据。

1988 年 9 月 7 日，北京时间凌晨 4 时 30 分，首枚“长征四号甲”满载着千万人的心血和汗水，不负众望地将我国第一颗极地轨道气象卫星送入预定轨道，“长征四号甲”成了我国第一个首飞成功的大型运载火箭型号。任新民长出了一口气，心里一下子轻松了许多，当初的承诺总算兑现了。

1990 年 9 月 3 日，第二枚“长征四号甲”又将第二颗风云一号气象卫星和大气一号甲、大气一号乙气球卫星精确地送入预定轨道。

任老总为“长征四号甲”研制工作所付出的心血和汗水，广大科技人员都看在眼里，心生敬佩，暗暗以他为榜样。任新民反复叮嘱同事们：“搞我们航天这一行的，一百次都成功了，第一百零一次也不一定成功，还要一丝不苟、认认真真地做工作。”

1991 年 12 月，长征四号甲运载火箭以其首飞成功和连续成功的佳绩，荣获国家科技进步奖特等奖。无论是从型号研制发射的组织领导，还是从关键技术的解决等方面，“711”工程的总设计师任新民，在各级领导和广大参研、参试人员的心目中，他是无可争议的第一完成人，然而他却毫无商量余地地将上报名单中的“第一完成人任新民”勾掉。广大科技人员更加由衷地敬佩这位老总。

不服老的任老总

在一段时间内，任新民几乎是同时担任七项大型航天型号工程的总设计师和一项大型航天系统工程的总技术顾问。

任老总老当益壮，而且决定要当就当一个名副其实的工程总设计师。在任新民担任总设计师的几项工程中，包括“长征四号甲”发射风云一号卫星、“长征三号”发射东方红二号甲卫星、“长征三号”发射外国卫星以及改进型和新型返回式遥感卫星的发射等，次数比较多，有时西昌、酒泉、太原三个卫星发射中心都有发射任务，他经常奔波于三个发射中心和西安卫星测控中心之间。

在安排行程时，有人建议任老总，某某工程在技术厂房的测试很正常，没有需要总设计师协调的重大问题，他可以晚些时间去。任新民的回答是：“要去就早去，从头到尾参加测试检查，和大家一起研究问题、解决问题，不能临到发射了，去当参观团团员，非但不能帮助人家解决问题、决策问题，还得让人家给你汇报、介绍情况，反倒耽误人家的时间，影响人家工作，还不如不去。”

任老总还强调说：“工程总设计师责任在身，不到现场是失职。”有时候，两项工程同时在不同的卫星发射中心执行测试、发射任务。他将“弹钢琴”的工作方法运用到了极致，根据不同工程在卫星发射中心工作的进展情况，科学而合理地安排时间，在有关的卫星发射中心和测控通信中心之间飞来飞去，确保在关键环节亲自坐镇现场，忠诚地执行工程总设计师的职责。

所以，科技人员都异口同声地说：“任老总可不会当省心的领导，更不会当挂名、‘点卯’的总设计师，他是既摇头，也点头，从不推诿，关键部位、关键时期他都事必躬亲。”

1996 年 8 月，任新民担任工程总设计师的新型返回式遥感卫星运往发射场，准备由长征二号丁运载火箭进行发射。一定意义上讲，这次发射具有扭转被动局面的意义。

在最后一次功能检查时，长征二号丁运载火箭控制系统的变换放大器出现了故障，根据设计人员的意见，任新民拍板：“更换备份的变换放大器后，再次进行功能检查，如正常，即可按发射程序进行发射。”可在北京的中国航天工业总公司领导却要求确定故障的具体部位及故障机理。北京和酒泉发射现场的意见大相径庭，相持不下。

在这关键时刻，任新民挺身而出，坚定地表示：“现在火箭与卫星已竖在发射塔架上，推迟一天发射就减少一块遥感区域，损失上百万元。我们的备份仪器是干什么的，就是干这个用的。”

他还郑重地表态，更换变换放大器测试正常就发射，如果出问题他负全责。最后领导决定，还是要查清故障的部位及机理。任新民虽保留个人意见，但还是按着下级服从上级的组织原则，全力以赴地投入到了故障分析及后续的测试检查工作中，比较顺利地查出故障是由变换放大器的一个三极管管脚锈蚀所致。

这颗新型返回式遥感卫星原计划在10月初发射，在推迟近20天后，于1996年10月20日发射成功，也完成了扭转“乾坤”的重任。

事后，有的科技人员讲，折腾一通，还不是换了变换放大器就发射成功了，白白浪费20天时间。任新民听后制止说：“对错不要再讲了，发射成功了比什么都重要。”

在任新民的带领和组织下，经过广大参研、参试人员艰苦奋斗和精心工作，前后近十年的时间里成功发射了五颗改进型和三颗新型返回式遥感卫星，为国民经济建设和国防建设提供了大量有价值的遥感信息，取得了巨大的经济效益和社会效益。

阻止购买外国卫星

1985年下半年至1986年上半年，我国打算购买外国通信卫星，并用外国的运载火箭发射。一时间，在国内外搞得沸沸扬扬，大有木已成舟、不可逆转之势。

任新民此时正在西昌卫星发射中心，主持我国第一颗实用型通信卫星东方红二号甲的发射工作。在一次动员会上，他说出了自己的心里话：“现在国家要购买外国的通信卫星，并用外国的运载火箭发射。如果我们这次发射不成功，或卫星发射上去工作不正常，那就是我们自己取消了自己的发言权。如果我们的东方红二号甲卫星发射成功，且正常投入运行和使用，那回北京后还可以反映我们的意见。”广大参试人员都带着为国产通信卫星争口气的干劲，精心测试。1986年2月1日，第一颗“东方红二号甲”被成功地送入地球同步转移轨道，并按计划、按既定的程序定点和投入运行。

任新民回到北京后得到消息，我国不仅要购买外国的通信卫星，而且要用欧洲的阿里安运载火箭发射，并与阿里安火箭公司签订了订座协议，交了预付金。

他真是又急又气，急令秘书起草报告，准备以部党组名义转报中央。国家综合部门的领导提出，这件事中央已经批准了，再以党组名义写报告，恐怕不妥。

任新民听到这些答复后火冒三丈，当即表示："这种商业活动，在没签合同前都不算定。这种事事先不征求主管工业部门的意见是欠妥的。"并激动地说："没关系，部党组转报有难处，我以个人名义上报，一切后果由我个人负责。"随即令秘书修改报告，并连夜打印、装订成册。

第二天，他将《关于发展我国通信广播卫星事业的建议》分送给有关的国家领导人。

他上书直言，坦诚地指出："就通信卫星技术而言，我们与世界上航天技术比较发达的国家是有差距，但我们正通过研制的实践，也只有通过研制的实践，才能不断提高技术水平，只要努力登攀，总会赶上的。中国是一个发展中的大国，通信卫星的市场总不能全部、永远地让给外国人。即使是购买外国通信卫星，也得要技贸结合，在购买卫星的同时，引进通信卫星研制技术。就运载火箭技术而言，从总体上讲，中国的‘长征三号’不比‘阿里安’差，有些技术还超过了‘阿里安’。中国研制的运载火箭不仅能够发射中国自己研制的通信卫星，发射中国购买的外国通信卫星，还可以承揽国际商业发射服务。”

中央领导对任新民的建议和意见非常重视，陆续作出批示，要重新审议我国购买外国通信卫星及用阿里安火箭发射的事宜。

1986年3月31日，国务院正式下发文件，批准了航天部“新三星一箭一论证”的规划，其中包括当时称得上大容量的东方红三号通信广播卫星和长征三号甲运载火箭。后来又作出了中止购买外国通信卫星及阿里安火箭订座协议的决定。至此，“造星”和“买星”的争论画上了句号。

任新民的这些意见与建议经受住了历史和实践的检验，对我国运载火箭技术、通信卫星技术、卫星通信技术的发展，以及中国运载火箭投入国际商业发射服务等，都发挥了举足轻重的作用。

商业发射，零的突破

1984年4月8日，长征三号运载火箭成功发射东方红二号试验通信卫星后，任新民就开始酝酿中国运载火箭承揽国际商业发射服务的问题，并积极地向有关领导和国家机关宣传，以期中国航天获得新的更大的发展。

1986年1月28日，美国挑战者号航天飞机失事。5月30日，法国阿里安二号运载火箭发射国际通信卫星V失败。美国一些一次性使用的运载火箭，如大力神、宇宙神－半人马座和德尔它火箭等，也相继发生空中爆炸导致发射失败。1986年被国际航天界称为航天灾难年。就在这一片失败声中，我国长征三号运载火箭于1986年2月1日成功发射了实用通信卫星东方红二号甲，无疑提高了长征系列运载火箭的竞争力。

中国航天抓住了国际卫星发射服务市场对一次性运载火箭急切需求的契机，1989 年完成了长征三号运载火箭发射亚洲一号卫星合同的签署。

1986 年 11 月 21 日，国防科工委任命任新民为“867”工程（发射外国卫星工程）总设计师，他又开始致力于这一崭新、艰巨而又责任重大的任务。1990 年 2 月 4 日刚进行完“长征三号”发射“东方红二号甲”的工作，2 月 5 日，发射亚洲一号卫星的“长征三号”专列又向西昌进发，他只好拂去身上两个多月征战的浮尘，发扬连续作战的作风，开始和外国人打交道，执行“长征三号”发射亚洲一号通信卫星的合同。

工作人员正在西昌卫星发射中心进行紧张的检查、测试工作，新闻里相继传来令人震惊的消息。1990 年 2 月 22 日，阿里安火箭为日本发射超鸟 B 通信卫星和 BS-ZX 直播电视卫星失败；2 月 28 日，美国亚特兰蒂斯号航天飞机发射的 KH-13 侦察卫星在空中爆炸；3 月 14 日，美国大力神 3 火箭发射国际通信卫星 VI 失败。

任新民为欧洲、美国航天界的同行感到惋惜，也给自己提出了警示。他对同事们说：“欧洲人、美国人发射出了问题，我们没有三头六臂，也不是神仙，只能靠我们精心测试、精心操作，严上加严、细上加细、慎上加慎，要实实在在地不放过任何疑点和隐患，要真正做到不带问题和疑点上天。”

1990 年 4 月 7 日，西昌卫星发射中心的天气情况一直不理想。中午天气预报说 18 点后云量可减少，中低云，无雷电，下午可能有小阵雨。

山区的天气变化无常，就在液氢加注完毕后，小雨竟变成了大雨。15 点 50 分，电闪雷鸣，任新民表面上很镇定，心里却是七上八下，焦急万分。他脑海里浮现出了美国的前车之鉴，1987 年 3 月 26 日，宇宙神－半人马座火箭发射海军通信卫星时，遇到了雷电天气，起飞后不到一分钟就遭雷击，浪涌电压破坏了控制制导计算机，导致星箭俱毁。

幸运的是，监测站测得的电场强度都在 1 千伏 / 米以下，曲线一直比较平稳。18 点后，电场强度稳定在 0.2 千伏 / 米以下，任新民才稍稍松了一口气。

由于种种原因，错过了当天晚上的第一个发射窗口[①]，而此时距第二个发射窗口只有 10 多分钟的时间，也来不及了。任新民同有关领导商定，决定使用第三个发射窗口，即 21 时 30 分发射。

①发射窗口，是指适合航天器发射的时间范围，这个范围的大小也称为发射窗口的宽度。窗口宽度有宽有窄，宽的以小时计，甚至以天计算，窄的只有几十秒钟，甚至为零。

发射窗口是根据航天器本身的要求及外部多种限制条件经综合分析计算后确定的。由于太阳、地球和其他星体的相对位置在不断变化，即使发射同一类型、同一轨道的航天器，其发射窗口也是不固定的。所以航天器的发射有时在白天，有时在夜里；有时在早晨，有时在傍晚。

20 时 40 分，“50 分钟准备”的口令准时下达。天公作美，这时发射场上空开始露出了一个小天井，能看到一些星星，这是天将放晴的迹象。任新民一直悬着的心终于放松下来，脸色也开始“阴转晴”。

21 时 30 分，“长征三号”在其首次发射成功六周年的前夜，再现英姿，准确地将美国休斯公司制造的亚洲一号通信卫星送入地球同步转移轨道，圆满地完成了我国运载火箭第一次商业发射，实现了零的突破。

又"顾"又"问"

“331”工程和实用卫星通信工程（“331 甲”工程）研制发射成功并投入运行使用后，任新民称得上功成名就。

有的老熟人半开玩笑地说：“任老总，见好就收吧！航天这活儿风险太高，压力太大，难怪您有神经性高血压。再干，掉下来几颗就毁了您‘常胜将军’的美名了。”

任新民听后，坚毅的面孔上露出了微笑：“哪有‘常胜将军’呀！干航天更没有‘常胜将军’。掉下来并不可怕，只要认真对待，总结经验教训，再干，再实践，一定会成功的。”他略微沉思了一下，继续坚定地说：“至于个人，干不干，干什么，那要听从组织的安排。”

1986 年 5 月 3 日，国防科工委任命任新民为东方红三号卫星通信工程总技术顾问。他可不是顾得上就问，顾不上就不问，而是既“顾”又“问”，是位名副其实的顾问。无论是长征三号甲运载火箭，还是东方红三号卫星，凡是重大的技术会议和重要的试验，他都亲赴现场，和研制人员一起研究问题、讨论问题，详细了解和掌握研制情况。

特别的是，他经常利用自己之长协助一线领导解决一些难题，获得了同志们的赞颂。例如，在长征三号甲运载火箭装哪个单位研制的箭上计算机问题上出现了分歧意见。经过反复协调，领导决定装陕西临潼 771 所研制的箭上计算机，而不装控制系统研究所（12 所）研制的箭上计算机。为此，12 所的参试人员抵触情绪很大。

任新民深知箭上计算机是控制系统中的一个重要设备，如果协作不顺畅会影响到整个控制系统。他一如既往地挺身而出，直面矛盾，明确表示个人意见，认为 771 所在箭上计算机研制方面有比较丰富的经验，特别是在可靠性的保证上更有把握，应该优选 771 所的箭上计算机。他不仅表明意见，而且主动协助一线领导做工作。

一个星期天，任新民一大早就赶到12所参试人员的宿舍，12所的参试人员采取“回避”政策，门反锁着，装作睡着了，他就使劲儿敲门并自报姓名。

这些老相识一听说任老总登门了，不好意思地开了门，可还有人用被子蒙着头装睡觉。他就一个个掀被子，半认真、半开玩笑地同大家讲道理，晓之以理，动之以情，苦口婆心地做工作，使大家的气逐渐顺了过来。

最后，他郑重地说了一段话：“我们还是要按共产党的规矩办，领导决定了的事情，就得下级服从上级。可以保留个人意见，但在行动上不得有任何反对的表示。你们要和771所搞好协调工作，如果出了问题，就拿你们是问。”

这些科技人员从研制“长征三号”起，已经和任老总打过十多年的交道了，彼此都很熟悉，昔日号称“大炮”“愣头青”的科技人员，都被任老总的一席话所感动。大家纷纷表示：“任老总您放心，就凭您亲自爬上山来，凭您的一席话，我们也要把工作做好。”任新民笑着说：“我相信你们，意见归意见，干活归干活。”大家目送着这位耄耋老人健步地走远了。

最后，“长征三号甲”箭上计算机的选用问题得到圆满解决，发射任务获得圆满成功。

第七章

载人航天

思想前瞻

在任新民 70 多年的科技生涯中，他始终不懈地坚持以前瞻和超前的战略思维，去分析国内外有关科学技术的发展动态与趋势，并以此指导自己的科研工作。

20 世纪 50 年代初，他研究美国、苏联等国的导弹与火箭技术，加班加点地翻译了美国萨登（G. P. Sutton）写的《Jet Propulsion Elements》，并参照俄译版，修订了一些术语和数据。1955 年 9 月，哈尔滨军事工程学院出版了这本《火箭发动机基本理论和构造》。

在翻译和研究这部专著的基础上，任新民和同事们完成了万余字的《对研究和发展火箭武器与火箭技术的意见》，于 1955 年 11 月 25 日上报中央军委。这是中国科技专家首次正式向中央提出研究和发展导弹与火箭技术的报告。这份报告受到了中央军委领导的高度重视，陈赓、彭德怀、黄克诚相继做了批示。

20世纪六七十年代，任新民分析了美、苏等国卫星通信技术发展的态势，认定我国必然要发展卫星通信事业，而发射地球同步轨道①卫星需要相应的运载火箭，这种运载火箭使用三级为低温高能的液氢液氧发动机是最佳选择。

①地球同步轨道，即运行周期等于地球自转周期（23小时56分4秒）的顺行人造地球卫星轨道。不考虑轨道摄动时，在地球同步轨道上运行的卫星每天相同时刻经过地球上相同地点的上空。对地面观测者而言，每天相同时刻卫星出现在相同的方向上。

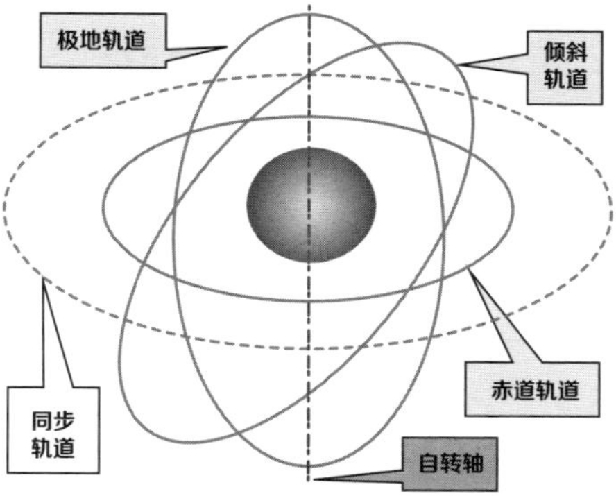

1965年，他就组建了氢氧发动机工程组，搜集资料，开展氢氧发动机的预先研究。然后在众说纷纭中，力主并坚持三级为氢氧发动机的“长征三号”的研制工作。“长征三号”的研制成功不仅保证了我国试验卫星通信工程（“331”工程）的完成，还为后续的“长征三号甲”及其系列运载火箭的研制奠定了基础。

20世纪80年代中期，“331”工程和实用卫星通信工程（“331”甲工程）相继完成后，他的思维再次活跃起来。他反复向有关领导和科技人员讲：“前30年我们走过来了，也取得了令世人瞩目的成就。作为我们个人，起码是做到了三个字——‘没偷懒’。后30年怎么办？干什么？如何干？我们年长一些的这一代人应该给下一代制定一个较长远的规划。”

他潜心研究制订“新三星一箭一论证”[①]的规划。当时，航天系统吸引和稳定科技队伍的问题比较突

① “新三星一箭一论证”指东方红三号通信卫星、资源一号卫星、风云二号地球同步轨道气象卫星，长征三号甲运载火箭，开展载人航天工程总体方案的论证和关键技术预先研究。

出，他把这一问题与航天工程的立项紧密联系起来，意味深长地说："稳定和吸引年轻的科技骨干，最重要的还是要规划和实施大的科技工程，使科技人员有用武之地。有了大型的航天系统工程任务，国外学有所成的留学人员、硕士、博士，就会源源不断地涌来；反之，英雄无用武之地，来了也留不住。"

1985 年 7 月，任新民以航天部科技委和中国宇航学会的名义，在秦皇岛召开了"太空站研讨会"，组织有关的科技专家对太空站有关的技术问题进行了探讨。

会后出版了《太空站讨论会文集》，他亲自作序，序中写道："搞太空站和搞航天飞机[①]是一个大的国

①航天飞机是一种往返于近地轨道和地面间的、可重复使用的运载工具。它既能像运载火箭那样垂直起飞，又能像飞机那样在返回大气层后在机场着陆。

美国航天飞机一般可乘坐 7 名航天员，其中有 3 名机组人员，4 名科学技术专家。航天飞机在轨道上运行时，可完成释放卫星、回收及维修卫星、进行各种微重力科学实验等多种任务。

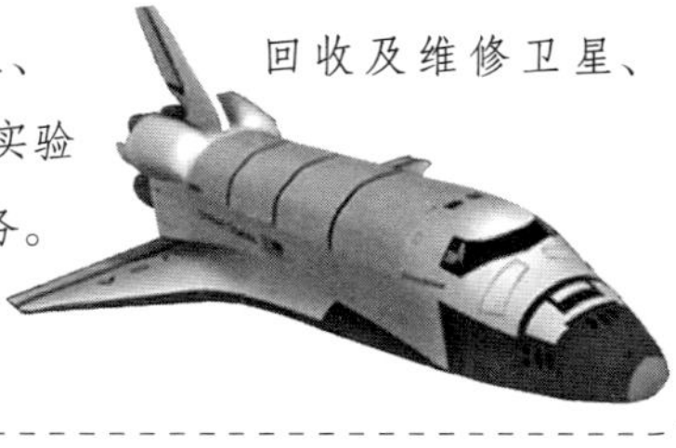

策，……太空站迟早是要搞的，但等到人家都成了常规的东西，我们才开始设想，那时候就晚了。所以从现在起就应有一个长远规划，开展总体技术方案的技术经济可行性论证，并着手进行某些关键技术的预先研究。一旦国家决定发展载人航天技术时，就能及时起步。”

他在序中还描绘了中国载人航天技术发展的蓝图：“我们要争取在21世纪初，在地球的近地空域翱翔着中国的永久型太空站，在太空站和地球之间有中国的天地往返运输工具，装载着人员、物资、设备等穿梭往来，中国的航天员、科学家和工程师在太空站上紧张地进行各种各样的科学技术活动。”

随后，他指示工作人员将《太空站讨论会文集》连同美国人编著的《开拓天疆》中译本，一同呈送给国务院、中央军委有关领导。

他反复强调：“载人航天这样的大型工程立项不可能一蹴而就，好事多磨，还需要做大量艰苦细致的工作，现在只是下下毛毛雨，造造舆论。”

载人航天立项

中国发展载人航天技术的呼声越来越高，1990 年 12 月 14 日，航空航天部成立了载人航天工程论证领导小组，任新民担任首席顾问。还从中国运载火箭技术研究院等院所抽调 19 名科技人员，组成了联合论证组，开展载人航天技术方案的论证工作。任新民亲自指导并参加了联合论证组的论证工作。

1991 年 1 月 30 日，中国宇航学会理事长任新民主持了“中国航天高技术报告会”。他在会上做了主旨发言，阐述了及早发展中国载人航天技术的建议，他呼吁：“载人与不载人相比，是中国航天技术一个质的飞跃，其政治、经济、社会效益和产生的影响，现在还难以预测。”

在任新民的指导与参与下，1991 年春节前夕，航空航天部向邓小平同志呈送了《关于开展载人飞船研制的请示》。自此，载人航天工程的立项工作得以加速推进。

1991年3月15日下午，任新民和有关科技人员前往中南海，向国务院总理李鹏等汇报了载人飞船问题。他开门见山，首先阐述了中国为什么要发展载人航天技术，接着介绍了多用途载人飞船的方案设想和技术经济可行性分析。他语气坚定并充满信心地说："我国已具备研制多用途载人飞船及其运载火箭技术基础、人力资源等条件。"李鹏总理聚精会神地听取了汇报，时而进行询问，时而点头赞许，时而露出微笑。汇报在和谐热烈的气氛中结束。自此，我国载人飞船工程的论证与立项工作进入了快车道。

1992年1月8日，李鹏总理主持召开了中央专委第五次会议，专题研究发展我国载人航天技术的问题。任新民代表航空航天部向中央专委汇报了《关于开展我国载人飞船工程的建议》，并用1∶10的模型做了载人飞船方案的讲解和演示。中央专委领导热烈讨论后，做出了明确的结论："从政治、经济、科技、军事等方面考虑，发展我国载人航天技术是必要的，也是适时的。从多用途载人飞船起步是可行的。"

这次中央专委会议后，国防科工委和航空航天部很快成立了论证组和评审组，王永志任论证组组长，任新民任评审组组长。

评审组组长这个担子很重，不仅有技术上的难度，还要组织协调和统一认识，后者更难。评审组及下属的各系统成员都是各专业的技术带头人，对各类技术问题都有自己独到的见解，有的很难改变。

1992年夏天，在载人飞船技术方案评审会上，有些专家对某些分系统有不同的意见，争论异常激烈。有的评审专家竟然提出：在评审报告中写明他个人的意见，他自己签名，一起上报中央专委。任新民十分清楚：国家花那么多人力、财力、物力搞这样大的工程，连研制单位都拿不出统一的意见，叫中央怎么批啊！任新民深感工作不好做，只好宣布休会。

会下，任新民立即找几位专家商议，并做了分工，分头去做意见比较大的几位专家的工作。当天晚上，任新民亲自登门拜访，与他们促膝谈心，耐心细致地做工作。

第二天，评审会继续进行，任新民语重心长地发言："我国载人航天工程的立项取得今天的进展，实属不易。最终能否立项，将取决于我们的论证报告和评审报告做得如何。”

他扶了一下眼镜，动情地说：“我们这些评审专家，大都是七八十岁的人了，目的就是为后来者搭建一个施展才华的平台。如果载人航天工程能立项，将对中国航天今后的发展和前景，产生重大而深远的影响，今后30年或更长的时间，我们航天工作者都会英雄有用武之地。如果因为我们的论证工作和评审工作没做好，没做透，而影响工程的立项或拖延工作的进程，那我们就愧对中国航天，愧对中华民族，是误人子弟，说得严重些是千古罪人。”

他列举了一些实例，作为科技人员，有自己的技术见解并敢于发表和坚持，是难能可贵的。但是，大家都坚持按个人意见办，那什么事也办不成。

他打了个形象的比喻：“从我们航天部驻地阜成路8号出发去天安门，经过公主坟，或木樨地，或西四，都可以到达目的地。最怕的就是坐在阜成路8号争来吵去，而不动身，那永远也到不了天安门。或者按一条路线走一段，又争吵，改变主意，回到原地再争论，又另选路线，时间都耽误了。只有大家经过分析比较，确定一条路线，齐心协力，步调一致地走下去，才能顺利到达目的地。”

任新民一番推心置腹、苦口婆心的讲话，使大家深受感动，有的专家还流出了激动的热泪。最后，评审会议顺利地通过了载人飞船工程技术经济可行性论证报告和评审报告。有的领导深有感触地说："如果没有任老总的主持和坐镇，没有他的威望和睿智，评审报告很难统一。"

1992 年 9 月 21 日，中共中央政治局第十三届常委会召开会议，讨论并一致决定：要像当年抓"两弹一星"工程一样，抓载人航天工程，有事可直接报中央。会议还批准了中国载人航天工程分三步走的方案。

第一步，研制并发射可作为天地往返运输系统的多用途载人飞船；

第二步，实现航天员出舱和空间交会对接，研制并发射由飞船改装的8吨级长期在轨运行的、短期有人照料的空间实验室；

第三步，研制并建立永久性空间站，解决较大规模、长期有人照料的空间站应用问题。

至此，中国的载人航天工程正式立项，研制工作如火如荼地展开。

轨道舱留轨

在载人航天工程立项论证，直至立项后载人飞船技术方案的深入论证、设计和研制发射中，任新民始终深入研制和发射第一线，倾其全力，做好总设计师们的参谋。

在开始考虑我国载人航天工程的技术途径时，他不大想走苏联载人航天飞船的路子。随着方案论证工作的深入，他查阅美国航天飞机的资料，研究了德国和英国设想的方案。还了解到，我国大飞机技术还比较落后，连起落架都生产不了，如果搞小航天飞机是扬短避长。

他综合分析了我国经济技术的现状，同意我国的载人航天技术从载人飞船起步。

自己否定自己，这对于一位科技专家来讲又谈何容易，这也正是任新民贵有自知之明之处，从一个侧面反映出他实事求是、一切从实际出发的科学思想。

他的自主创新思维始终没有停止过，经过缜密的思考，他一直倡导并坚持两条。

其一，他认为只搞载人飞船，对经济、国防、科技和社会发展的作用是有限的，应着眼于未来的发展，统筹考虑空间实验室和永久性的空间站。他同有关的科技人员反复研究、讨论，形成了我国载人航天工程分三步走的方案。

其二，他不甘心走苏联人40年前的老路，这未免太窝囊了，我们应该有自己的特色。他力主中国载人飞船由三舱（轨道舱、返回舱、推进舱[①]）组成，轨道舱留轨。这样，发射一艘飞船，就相当于同时发射一颗传输型的对地观测卫星，又可作为交会对接中的目标飞行器，将大大提高经济效益。

①轨道舱也称太空舱，是飞船进入轨道后航天员工作、生活的场所。舱内除备有食物、饮水和大小便收集器等生活装置外，还有空间应用和科学试验用的仪器设备。

返回舱、推进舱与轨道舱分离后，轨道舱相当于一颗对地观察卫星或一个太空实验室，它将继续留在轨道上工作一段时间。

返回舱又称座舱，它是航天员的“驾驶室”。是航天员往返太空时乘坐的舱段，为密闭结构，前端有舱门。

推进舱，又叫仪器舱，呈圆柱形，内部装载推进系统的发动机和推进剂，为飞船提供调整姿态和轨道以及制动减速所需要的动力，还有电源、环境控制和通信等系统的部分设备。

返回舱与推进舱分离后，返回舱返回地面，推进舱在再入大气层后烧毁。

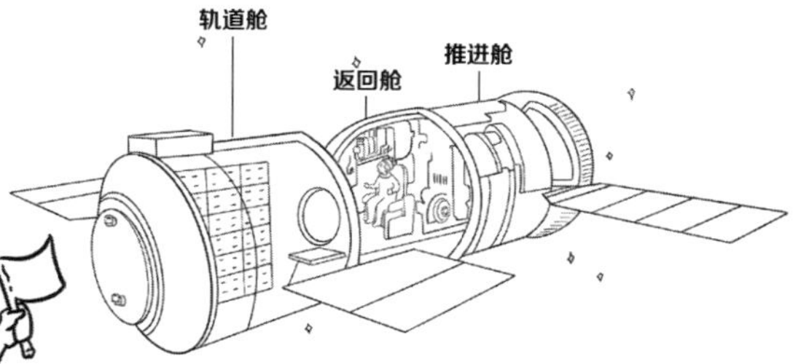

在讨论载人飞船方案时，有人提出反对意见：“苏联也没有搞轨道舱，更没有轨道舱留轨，轨道舱留轨会带来一系列复杂的技术问题。”

任新民的留轨思想正是他反复推敲苏联载人飞船方案后才形成的。轨道舱作为垃圾留在太空，太可惜了，只要解决供电和控制问题，不就能把轨道舱用起来了吗？

他胸有成竹地反驳道："为什么苏联人没有留轨，我们就不能留轨呢？！那时对地观测的传输技术还没有呢，现在已经成熟了。困难是有的，无非要解决轨道舱的电源和控制问题，安装两对太阳帆板肯定会带来新的复杂问题，这当然需要奋斗和创新！"在他的坚持与说服下，最后对三舱和留轨方案统一了认识。

经过研制和发射实践，轨道舱都成功地留轨半年以上，圆满地完成了对地观测和传输任务，轨道舱留轨成为中国载人飞船具有中国特色的主要标志之一。时任全国人大常委会委员长的李鹏，在 2002 年 12 月观看神舟四号无人飞船成功发射后，对任新民讲："看来您坚持的轨道舱留轨是正确、可行的。"

自从我国的载人飞船工程立项后，从神舟一号到神舟四号无人飞船，直至第一艘载人飞船神舟五号的研制发射中，他虽已年近九旬，从重大技术关键的解决，到研制中的转阶段评审，他都亲临研制、试验、发射第一线，积极主动地做好参谋和顾问的工作。

他参加了 2003 年 10 月 15 日神舟五号载人飞船的

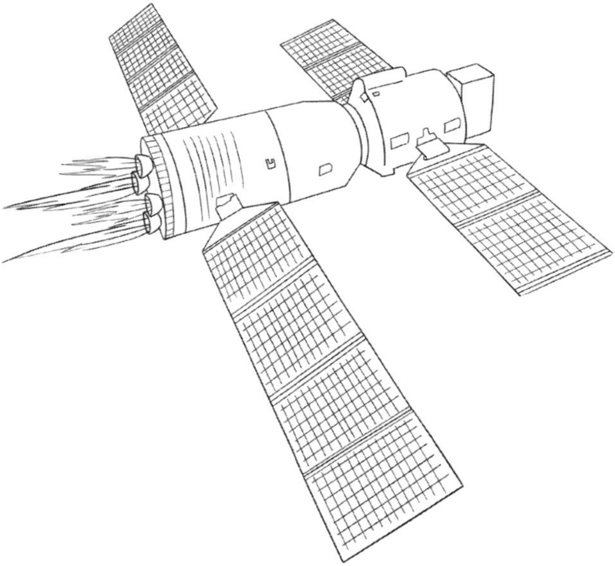

发射，亲眼目睹了我国首次实现载人航天飞行，圆了中华民族的千年飞天梦。

他饱经风霜的脸上露出了喜悦的笑容：“中国航天实现了载人飞行，是一个质的飞跃，值得高兴和庆贺，但载人航天工程后续的任务还很艰巨，困难还很多，奋斗无穷期，攀登无止境，现在还不是说更多话的时候。”现场消息灵通的记者追着要采访他，他只匆匆地说了七个字：“好啊，好啊，非常好！”

战略思维

在从事我国载人航天立项及研制、试验、发射工作的同时，任新民已开始思考未来，构想着中国空间实验室和永久性空间站的蓝图，筹划着发射空间站的大型运载火箭的立项与研制，关注着中国航天的可持续发展。

发射空间站需要研制低轨道运载能力 20 吨级的大型运载火箭，这种运载火箭需要推力为 120 吨级液氧煤油发动机和推力为 50 吨级的氢氧发动机。他全然不顾年事已高，多次带领液体火箭发动机研制单位的领导和科技专家，奔走呼吁。2000 年，液氧煤油发动机正式立项；2002 年，推力为 50 吨级的氢氧发动机正式立项；2006 年大运载火箭正式立项。

这位勇立潮头的务实者，深刻地懂得“凡事预则立，不预则废”和“千里之行，始于足下”的哲理，更

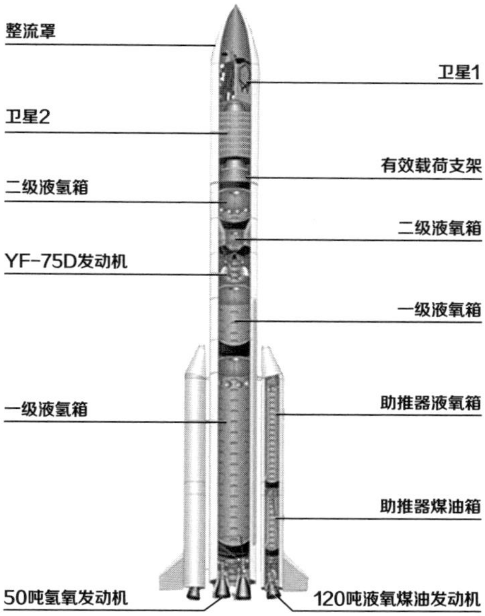

懂得用事实说话才有底气。所以在立项前后长达十余年的岁月里，他一直坚持深入研制、试验第一线，同他的老部下张贵田院士、朱森元院士、王桁研究员以及年轻的科技专家王珏（后任“长征五号”总指挥）、李东（后任“长征五号”总设计师）等，一起研究讨论问题。

年过九旬后，他的身体大不如前，他就把这些专家请到办公室或家里，详细询问有关情况，并具体讲述他的分析和初步判断，还介绍有关的英文原始资料，同他们进行讨论。

任新民是一位朴实认真的实干家，更是一位具有战略思维的科技大家。在2003年10月5日神舟五号飞船首次载人飞行成功后，他将张柏楠（时任载人飞船系统总设计师、空间站光学舱系统总设计师）请到办公室，同张柏楠研讨了三件事。

第一件事是航天器的重复使用。他认为航天事业要持续发展必须要降低成本，利用安全可靠的成熟技术实现部分重复使用，是当时的首选。

第二件事是超燃冲压发动机的应用。他当场拿出国内外的有关文献，详细地谈了超燃冲压发动机的原理及技术特点，指出这种发动机比冲高，消耗的燃料少，是航天器动力装置的发展方向。

第三件事是载人航天乃至中国航天如何更好地为国防建设服务。他强调中国航天要获得持续发展，必须依靠国民经济建设、国防建设、科学技术进步多方面的需求，尤其是少不了军事需求的支撑。他还同张柏楠讨论了在国防建设领域的具体应用方向。

任新民所谈的三件事，已经过去十六七年了，在当时无疑是非常超前的，就是今天看来，也是中国航天的前沿问题。可见这位航天科技的泰斗不仅具有科学求实的精神，更是一位具有战略思维的大家，对中国航天事业的发展起着指导和引领作用。

第八章

精神长存

不唯书、不唯洋、不唯上、只唯实

任新民崇尚“不唯书、不唯洋、不唯上、只唯实”，并以此作为座右铭。

他经常对同事和下属讲：“科技人员判断问题，特别是技术问题的根据就是科学和实际。”他认为只凭外国人讲的或书本上记载的来处理和解决我们所遇到的技术问题，是远远不够的。

每当听到有人罗列一串外国人如何如何讲，书本上怎么怎么记载，而没有自己的见解时，他总要带几分火气地劝解：“如果只凭外国人讲的和书本上的东西办事，那只需一些翻译和资料员就行了，还要我们这些科技人员干什么？！我们必须结合中国和中国航天的实际，提出解决问题的办法。”

任新民很重视年轻一代航天人和国外同行的交流，

鼓励他们多出去看看，但他也会严肃地批评一味推崇西方技术的人。一次，一位专家出国交流时没有介绍中国自主研发的技术，回国后，这位60多岁的专家在很多人面前挨了任新民的批评："难道高鼻梁就比我们中国人聪明？"

20世纪60年代，有一次任新民走进办公室，下属们都起立敬礼，而他摆摆手没说什么。几天后，他们收到一份通知：即日起，在办公场所不必再向上级敬礼。

任新民还在一些场合宣传他对"不唯上"的理解："不唯上，不是说领导的话都不听、不管，对于领导决定了的事情就要不打折扣地执行，个人的不同意见可以保留。问题的关键是，需要进行独立的思考分析和判断，实实在在地讲心里话，不能讲空话、套话，更不能跟着领导顺杆爬。"

独立自主，自力更生

在国家实行改革开放的方针后，任新民积极拥护，但同时也坚定地主张需要坚持独立自主、自力更生的方针，把立足点放在依靠自己力量的基点上，不能忘记要建立中国自己的航天科技工业体系。

他写文章高度赞扬了聂荣臻元帅所论述的“尖端技术靠买是买不来的，买来了也掌握不了”的观点。他在文中谈到：“中国人也要就业、挣钱，要穿衣、吃饭、住房。如果自己能干的，哪怕是暂时还不如外国人干得好的一些产品，都去买，而不去自己干，那我们的工人就要失业，中国也就成了外国人争夺的市场。”

20世纪80年代中后期，在研究东方红三号卫星的技术方案、引进项目时，争论异常激烈。当时，卫星总体设计部坚持卫星的远地点发动机系统，包括发动机和表面张力贮箱，都买外国的，理由是国外的质量与可靠性高，又省经费。

任新民坚决支持自己研制："自己能干的，可以干得出来的，为什么非要到国外去买？！买一套外国的系统可能比自己研制暂时少花些钱，可你还是不会制造，就会陷入无休止的购买。

现在自己研制，可能多花些钱，然而我们拿到的不仅仅是一套系统，还能留下研制生产试验的设施设备，更重要的是我们掌握了这些技术，增强了我们的技术实力。更何况研制的实践会培养、锻炼我们的科技人员，也会增加国内产值和提供就业机会。"

正是由于任新民的据理力争，终于说服了有关领导，决定不再购买，而是由上海航天局801所负责研制这套系统。

结果，我们只使用了与购买一套系统相当的经费，就研制成功了卫星的远地点发动机系统。发射了两次东方红三号通信卫星，表现优异，其技术性能、质量与可靠性等，都超过卫星总体设计部提出的要求。

上海航天局801所所长半开玩笑地说："只有你任老总才能顶得住，否则是非买不可。而何时能填补这项技术空白就不好讲了！"

任新民恪守独立自主、自力更生的原则，但他坚决反对闭关锁国，主张积极地开展国际交流合作、引进和购买，但要力求平等互惠，为我所用。

1978 年 7 月和 12 月，任新民亲任团长，率中国宇航学会代表团分别访问了日本和美国。

任新民知道这是中国航天走向世界的破冰之旅，责任重大。他在日本、美国的报告，引起了世界航天界的极大轰动和反响，一些报刊、杂志纷纷进行转载。

任新民这两次率团出访，开阔了眼界，收获颇丰，对美国、日本航天技术的发展，特别是对美国NASA（国家航空航天局）有了一个较全面的了解。这两次出访，为中国航天走出国门、开展国际交流，做了大量开拓性的工作。

他从与国外航天界打交道中也悟出了两条重要的规律。

第一，国际交流合作、引进和购买，必须以自己的技术实力和水平为基础与前提。

第二条，世界上没有任何一个国家会将自己有价值、别人还没有掌握的新技术、新成果拱手相让。他直言不讳地讲："引进与购买是两个不同的概念，引进包括引进技术，要有具体可操作的消化、吸收、创新和国产化的措施与计划，而且要限期完成。"

他还一针见血地指出："某某项目名为引进，实为购买。我们要防止被人家牵着鼻子走，造成连锁引进和购买，买了整机，再买分机、买工艺、买材料，甚至是世世代代无休止地购买，那中国就永远摆脱不了经济殖民地的处境。"

专注执着

任新民的专注劲是出了名的，而且他的专注是很有方向性的。他的夫人说他“一根筋”“一个心眼儿”，恐怕不过分。有时为了核对一个数据、查找一份文件，他竟干到深夜一两点；或者在半夜将秘书及有关人员叫到办公室，非弄个水落石出不可。否则，他会寝食不安。

然而，他对生活上的事，包括衣、食、住、行、钱、物，直至儿女的婚事等，他是全权委托给夫人，自己无暇顾及。

有一次，家里搬家，搬完后东西很乱，他的一本很多年前的英文书不见了，夫人也丢了一个柜子的钥匙。老两口不吃不睡，东翻西找。任新民不管别的东西，只顾找他的书，家里更是乱上添乱。夫人又急又气地埋怨他："你那几十年前的一本旧书，今天找不到就别找了，没不了！"可他根本不予理睬，照样一个劲儿地翻箱倒柜，并振振有词地反驳道："钥匙找不到，把锁砸下来换把新的就是了！这书可是买不到的。"一席话让夫人哭笑不得。谁也说服不了谁，只好各找各的，一直折腾到深夜。

任新民一心扑在工作上的事例不胜枚举。1976 年唐山大地震后，北京的防震和抗震气氛也异常紧张，人们都住进了防震棚，单位规定不许进办公楼，以防发生余震。

可时任七机部副部长的任新民却"违反"规定。在晚上 10 点钟时，巡逻人员发现办公楼三层还有亮灯的房间，敲开门一看，原来是任副部长在照常办公。当巡逻人员劝他离开办公楼时，他抬起头，捏了捏僵硬的脖颈，布满血丝的眼睛露出笑意，满口答应"好，好，好"，却不动身，还满不在乎地说，"没那么严重。"巡逻人员也无可奈何。

至于白天，他按时上班，把门反锁，藏在房间里查阅技术资料，处理文件，外边的人谁也不知道。可没有不透风的墙，"天机"也会泄漏。

任新民的办公室对面是内勤班办公室，有一次，内勤班的班长去办公室取东西，听到对面办公室有动静。她想探个究竟，就打了壶开水，用内勤班的钥匙从外面打开了任新民办公室的门，只见任新民正在聚精会神地查阅资料。门冷不防地开了，倒把任新民吓了一跳。他见是熟悉的面孔给他放了一暖瓶开水，下意识地说了声“谢谢”，接着又旁若无人地看起书来。

内勤班班长望着这位慈祥的老人，由衷地敬佩。

这位班长退休后，还经常谈及地震时的往事，她感慨地说：“任副部长可是个好老头儿，话语不多，还没架子，是位干工作不要命的主儿。”

实践，实践，再实践

2012年，任新民已经97岁高龄，当来访者问他：“您对航天传统精神、‘两弹一星’精神、载人航天精神，体会最深的、您认为精髓是什么？”他脱口而出：“实践！”

他的大女儿开玩笑说：“人家北京精神还八个字呢！航天传统精神和‘两弹一星’精神都是24个字，您怎么就来两个字呀！”

他笑着说：“那好，我来七个字，实践、实践、再实践。”他还多次强调：“从事工程研制的科技人员，包括我自己在内，即使是再有造诣的专家，不深入实际就会退化，就会‘耳聋眼花’。三年不接触实际，在型号工程研制方面，就基本上无发言权。”

正因如此，他年逾九旬时，仍乐此不疲地奔波在科研生产第一线，身体情况实在不允许时，他就将航天型号工程的总指挥和总设计师请到家里来，听取情况介绍，和他们一起讨论研究问题。

在航天型号研制过程中，有时为了一个问题、一个现象、一个数据，持不同意见的人争来吵去，有时还吵得面红耳赤。任新民历来都是老办法，到现场察看，和第一线的科技人员、工人一起研究、商量，5分钟就可以解决吵两个小时都无法解决的问题。

1982年7月30日，“长征三号”三级氢氧发动机进行第三次简易试车时，第一次启动后，出现了三次缩火现象，5秒钟后火焰稳定；12月13日，“长征三号”三级进行第四次简易试车，二次启动后又出现严重的缩火现象。在讨论产生缩火原因及采取措施的会上，大家的意见大相径庭，分歧很大，而且都没有提出令人信服的理由。

任新民当机立断，决定休会，并向同志们布置：“请大家带着试车数据，一起去察看设计图纸，看发动机的实物，然后再讨论。”

在第二次讨论时，由于大家查看实物后都准备得比较充分，很快找出了造成缩火的原因，并统一了改进措施。大家长时间紧锁的眉头和板着的面孔都舒展开了。

要做到务实、求实，就必须扎根基层，融于群众之中，实干苦干。凡是任新民担任总设计师或技术负责人的型号工程，在进行大型外场试验时，他都坐镇现场，和参试人员一起检查、测试，及时发现问题、解决问题。

他的足迹遍布所有的航天发射、试验基地，包括冰天雪地的东北发射场、太原发射场，夏日酷热、冬日干冷的酒泉发射场和风沙弥漫的新疆落区，初春阴冷潮湿的闽西测控站等。

他担任试验队队长或技术负责人，到发射基地参加发射飞行试验已逾百次，最长一次是在西昌卫星发射中心，发射第一、二颗试验通信卫星东方红二号，连续作战七个多月。这也从一个侧面看出他深入一线、深入科研试验现场的工作作风。

朴实的“老头”

任老总的朴实在航天系统是出了名的。有一位常与航天打交道并多次赴发射场采访的记者说道：“任老总有两个不像，一是走起路来快步如风和爬起发射塔架来扶摇直上，不像年近八旬的老人；二是他的衣着和待人，不像个副部级的领导和留美的博士。”

任新民在20世纪80年代初，平时就穿着普通的中山装，领子破了还让夫人翻过来缝上再穿；脚上常穿着一双老家手工做的布鞋，有时还穿胶鞋；眼镜架也是褪了色的老式近视镜架；再加上东奔西跑而晒黑了的肤色，他看起来真像一位地道的老工人。

任新民在朴实、务实方面还有很多趣事。20世纪80年代初，他在上海出差，工作任务完成得比较顺利，他破天荒地逛了次商店。当来到儿童玩具柜台前时，他请售货员拿了件 200 多元的高档玩具，原来是想给外孙买一件生日礼物。他摘掉近视眼镜，仔细端详着放在柜台上的玩具，一会儿看看实物，一会儿看看说明书。

售货员看了他一眼，有些以貌取人，看他琢磨来琢磨去，好像是一个工匠在修理玩具似的。她低声嘀咕着："一位老工人舍不得花这么多钱买高级玩具，别耽误时间了。"随手把玩具放回货架上了。

任新民一下子愣住了，但什么也没说。秘书看到这一尴尬的场面，上前解围说："售货员同志，他肯定是要买的，请拿个新的选一选。"秘书很清楚，这是任新民的习惯，他见到新鲜的东西总爱琢磨、推敲，从结构到外形，从电路原理图到使用方法。任新民研究了一番后，终于买了这个玩具。

恐怕时至今日，那位售货员还不清楚这位"老工人"用一般人三四个月的工资买下这个高档玩具的缘故，更不清楚他每月的工资会有 350 元。

还有一次，按照上海市政府接待处的安排，任新民很不情愿地住进了上海和平饭店的高级套间。他回饭店时，低着头在想问题，没有出示钥匙牌，就径直向电梯走去。

饭店门卫机警地边喊边追："老师傅，您找谁？请登记！"但凡遇到这种情况，他都是漫不经心，沉默不语。在后边的秘书连忙三步并做两步地赶上去，报了房间号，并出示了两个人的钥匙牌。

门卫一看房间号，知道这是高级套间，更是犯疑了，查了登记簿，又看了秘书的工作证，才恍然大悟，连声说："对不起！"事后，饭店的经理还带着水果到房间表示歉意和检讨，任老总却赞扬门卫的认真负责精神。

在西昌卫星发射中心也发生过一次类似的故事。卫星临近发射了，场区指挥部为了加强现场管理，让每位参试人员都佩戴出入证。整个发射中心只发了三个在场区畅行无阻的出入证，其中一个给了任新民。

任新民像往常一样来到发射场区的大门口，同行人员在海拔1800米的发射场，有些赶不上他快步如飞的速度，落后了一段距离。警卫人员看到他胸前挂着特殊通行证，头上戴着普通的蓝布帽，脚上穿着绿色防静电胶鞋，顿生疑团，便上前盘问。跟在后面的秘书赶紧上前解释。

警卫战士听后非常惊讶，脸都涨红了，马上回以军礼，暗暗自责：真是有眼不识泰山，万万没想到这就是闻名遐迩的工程总设计师呀！任老总对年轻的战士笑了笑，点点头。

尴尬局面还有许多，当事者得知这位“老师傅”就是七机部副部长、全国人大常委会委员、中国科学院院士、国际宇航科学院院士、“331”工程总设计师、一级教授时，无不大吃一惊，肃然起敬，感慨道：“真是人不可貌相，海水不可斗量。”“这样的人大代表，能代表人民。”

较真的任老总

任新民在主持航天型号工程研制过程中，始终牢记周恩来总理为中国航天制定的16字方针——“严肃认真，周到细致，稳妥可靠，万无一失”，并落实在工作中。

有人说：“任老总是福将，是常胜将军。”他却不以为然，淡淡一笑：“哪有常胜将军哪！我们也只能做一个‘苦将’，苦苦地求索，艰苦细致、一步一个脚印地苦干。”

在执行第二颗东方红二号甲卫星发射的任务中，“长征三号”和“东方红二号甲”已矗立在发射塔架上，还有三天就要发射了。在发射前的总检查中，遥测电源由外电转内电①时，出现了“过压报警”。

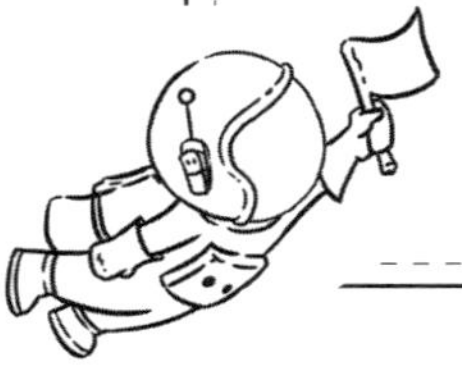

①外电转内电是指由地面市电供电转到箭上蓄电池供电。

此时出现这类问题是很棘手的，研制人员连饭都顾不上吃就进行查找，费了九牛二虎之力，可仍无头绪，转电时仍出现同样的报警信号。有些人认为箭上有抗过压保护措施，对过压能抗得住，不影响箭上遥测系统的正常工作，不想再查找了。

任老总接到情况报告后，立即赶到现场，脸色非常严肃，一针见血地指出：“‘过压报警’算不算一个疑点和问题？我们成天讲不带任何疑点和问题上天，就是为了说在嘴上，写在墙上，真正遇到疑点和问题就放过去？！”

他质问参会人员：“你们设‘过压报警’的目的是什么，是干什么用的，这是第一道防线；箭上的过压保护是第二道防线，是对没有认识到或未发现的问题导致过压时进行保护的。现在明知道第一道防线出了问题，问题的原因也不清楚，就想退守到第二道防线，那第一道防线等于没设，或者说第一道防线就是不攻自破！”

他指了指墙上的标语，提高了嗓门：“这件事一定得查清并彻底排除，否则，我宁可让全线都等着你们。不排除，所有的工作都不能往下走！”

大家一听都愣了，全线都等着，这可非同小可呀！全线不仅包括发射场区成千上万的参试人员，还包括遍布于全国各地的测控台站，也包括远在南太平洋的测控船队，那影响可就大了！承担研制任务的科技人员知道没有退路了，只有横下一条心，彻底地查。

事情往往就是这样，一认真就解决了。还不到半天，产生“过压报警”的原因就查清了：有一根导线按老图纸接的。设计图纸更改后，其他部分都改了，而这根导线的接法没有按新图纸更改，出现了图物不符的错误。这根导线按新的图纸改接后，再进行转电，就不再出现“过压报警”了。

问题解决后，大家都欣喜若狂，一直在现场督战的任老总也露出了满意的笑容。研制人员与任老总半开玩笑半认真地说：“多亏了您的高压政策呀！”任老总回敬道：“属牙膏的，不挤不压不出来。”任老总进一步透露了自己的真实想法：“我担心的是查不清原因，怕‘过压报警’后面潜伏着更大的隐患。”

“艺高人胆大”

几十年来，任新民在技术领导的岗位上，遇到问题总是迎着困难上，从不瞻前顾后、畏首畏尾，他用自己的实际行动铸就了敢于负责、善于决策的伟大品格。

1982 年 12 月，当时为了解决氢氧发动机启动缩火的问题，已经制定了针对性的措施，但这些措施是否有效，还必须通过发动机试车进行检验，这就需要耗费一笔经费，还可能使发射时间拖后一年。

按原定计划，12 月 13 日将有一次“长征三号”三级简易试车，如果能在简易试车后，氢氧发动机不下试车台进行分解、清洗和重装，而是直接进行检验解决缩火措施试车，不仅节省人力、物力、财力，还能缩短研制时间。

大多数人都不同意进行连续试车，认为风险太大；

赞成连续试车的是少数，而且也不理直气壮地发表意见。任新民又何尝不了解氢氧发动机连续试车可能出现的严重后果呢？不仅氢氧发动机有可能爆炸，还会毁及试车台。

他思绪万千：“连续试车万一出了问题，对于决策者来说，那就如同医生在给病人做手术时，病人死在了手术台上，到时是好说不好听，甚至会声名狼藉。”转瞬间他郑重地告诫自己：“应该相信自己的分析，如果一点儿风险都不敢冒，那是私心杂念在作怪，是患得患失，是懦夫。”思前想后，他进一步坚定了连续试车的决心。

在最后一次会上，他开门见山地阐述了自己的观点和论据，毅然决定采用连续试车的方案。有人提出：“任务书应写明经任老总决定……”

这时，任新民像触电似的，腾地一下子站了起来，一反平日的沉默寡言，十分严肃地讲：“就写任新民决定的，出了问题完全由我负责，坐牢、杀头都是我一个人的事儿，与其他人无关！”语气中显露出坚定、果断。

试车成功了，解决缩火的措施完全有效。欢呼声、祝贺声响彻在试车台所在的山沟，同事们争相同他握手祝贺，赞扬他“无私无畏，敢于决策”“艺高人胆大”。他只是不停地点头微笑，舒展开的眉头露出了倦意。

无欲品自高

中国航天的“四大老总”——任新民、屠守锷、黄纬禄、梁守槃，在航天系统尽人皆知。1994年，四人同时荣获求是科技基金会颁发的“杰出科学家奖”；1999年，任新民、屠守锷、黄纬禄同时荣获中共中央、国务院、中央军委颁发的“两弹一星”功勋奖章。他们都是我国航天技术的重要开拓者，也是我国科学技术界的巨匠。

然而，当谈到他的业绩和贡献时，他发自肺腑地说：“如果没有国家的强盛和民族的兴旺，没有中央决策要发展导弹、运载火箭和卫星，靠我们个人能干个啥？！”

他深有感触地说：“我们搞‘两弹一星’，受到了周总理的保护，在‘文革’中没有间断科研生产工作。

换了别人，同样可以取得不俗的业绩。”

正因如此，在1985年长征三号运载火箭和东方红二号试验通信卫星及微波测控系统等项目，申报国家科技进步奖特等奖时，他明确表示自己只上一项，即长征三号运载火箭，且提出只列第二名。

在后来的长征四号甲运载火箭和风云一号试验气象卫星等项目申报国家科技进步奖时，申报单位根据工程总师任新民的业绩和贡献，提出并执意坚持他应该作为项目的主要完成人。当这些项目提交评审时，作为航天评审组组长的任新民不容商量地将自己的名字通通去掉，让给下面从事具体技术工作的科技人员。为此，广大科技人员都非常敬佩任老总的义举。

“无欲品自高”，这也是任老总的一个信条。他除了工作、看书，几乎无任何嗜好。以前他吸烟，烟瘾还不小，在国家三年经济困难时要用烟票才能买到烟，他一发狠，硬是戒掉了烟，把烟票给了别人。

他从不为取得的成绩沾沾自喜，更不炫耀自己。他对吃、穿、住、用不大讲究，也不会因为这些事去麻烦别人。不管是吃住在宾馆、发射场的试验队，还是住在偏远单位的小招待所里，别人向这位老人问寒问暖时，他总是公式化地回答“蛮好，蛮好”。

其实，早春时节，在闽西测控站和浙江湖州山区的7013试验站这些地方，又潮又冷，非常难熬。单位考虑他的高龄，想让他住在市里的宾馆。开始劝，他婉言谢绝；说多了，他就发脾气，坚决不搞特殊。

作为七机部副部长、全国人大常委会委员，又是老专家，他去外地下属单位出差时，一再叮嘱，大家工作都很忙，不用接，来一位工作人员领领路就行了。等到离开时，他执意不让下属单位的领导送行，并诚恳地说："我们又不带什么东西，用不着送，如果需要，我会找你们的。"他更不让送他的领导另车前往。

从1980年起，按国务院机关事务管理局的规定，给年满65岁的副部长配专车。他不仅不让家属用他的专车，就连自己办近程的公事和私事，也骑自行车或徒步前往，不动用专车。

1983年的一个星期日，上级机关临时通知他去参加一个会议，他不想麻烦司机，就瞒着家人和秘书独自骑自行车去了。可人不服老不行，下车时脚踩在一块石头上，没站稳，大脚趾扭了一下，顿时就肿了起来，他只好忍着疼痛回到了家。夫人见他一瘸一拐的，问他怎么搞的，他支支吾吾不肯说实情，唯恐惹来埋怨。

秘书多次叮嘱他："组织上之所以配专车，就是为了保证您的用车，尤其是您属于'国宝'级的专家，更要保护好，您毕竟年纪大了，还是不要骑自行车外出了。"可他却不以为然："没那么严重，我也没有老到连自行车都不能骑的程度。"

还有一个鲜为人知的故事。20世纪60年代，有一次，任老总参加发动机试车返回南苑，一位农民因年高耳聋未听见汽车的喇叭声，而被汽车刮倒了。他们一行将这位老人送到附近的诊所，医生诊断骨头没问题，并做了处置，这位农民也认可了这种处置。

同行的人都准备上车返回，可任老总见这位农民站立行走疼痛难忍的样子，坚持要将他送到医院拍X光片检查。在医院里，伤者被确诊为骨裂，得到了及时的治疗。任老总还吩咐司机和有关人员："通知家属，你们定期前往医院探望，解决医疗费。"这位农民非常感激，含着热泪连声说："我真是遇到好心人了！谢谢你们，谢谢解放军。"

事情很简单，但从中不仅能看出任老总对任何事情都一丝不苟、认真负责，而且也能看出他有一颗纯洁而善良的心。

一辈子就干一件事

晚年的任新民一次次战胜病魔，重获健康。一方面靠医生的救治，另一方面靠他的心态，靠其坚韧不拔的意志。

他近98周岁时，当天气还没完全转暖，他每天坚持两次户外活动。一次，家人说：“外边风大，今天就别出去了。”他回答说：“大风大浪我都经过了，还怕这点小风？！”这“大风大浪”是指他一生的坎坷奋斗历程。

在与病魔作斗争的同时，他仍一如既往地关注着航天事业，他把中国航天的可持续发展融入了自己的灵魂和生命。2012年，他为“两弹一星”历史研究会题词：“弘扬‘两弹一星’精神，持续发展中国的航天事业。”

尽管身体虚弱，但他的头脑十分清醒。每当有人看望他，他总会问：“‘长征五号’什么时候发射啊？”

2016 年 11 月 3 日，长征五号运载火箭发射成功。任新民连饭都没吃，守在电视机前观看。第二天，他在医院的病榻旁用颤抖的手提笔写道：“祝贺长征五号首飞成功。”

2017 年 1 月 4 日，他又寄语“长征五号”，写下“长五火箭永保成功”。这正是他临终前对“长征五号”、对中国航天的厚望。

2017 年 2 月 12 日，中国航天“四大老总”的最后一位，驾鹤仙逝，享年 102 岁。

2017 年 2 月 16 日，中国航天科技、中国航天科工两大集团公司在北京八宝山殡仪馆为任新民举行了庄重的送别仪式。在东礼堂醒目地悬挂着沉痛悼念任新民的挽联：“驾鹤西游广袤无垠巡天探秘开寰宇，至善至高贤达无欲富国强军献航天。”

一生坦荡磊落、寡言沉稳的任新民静卧在鲜花之中，身上覆盖着鲜红的党旗。超过 2000 人赶来现场，排起了百米长队，从八宝山革命公墓东礼堂一直蜿蜒到了公墓门口。所有人面色凝重，神情肃穆，默默前行，等待着见任老总最后一面。人群中，有拄着拐杖、白发苍苍的生前亲友，也有中国航天年富力强的领军人才，队伍的最后全是年轻人，像任新民刚刚回国时一样年轻。

有人说，任新民的一生波澜壮阔，因为参与了众多航天工程的论证和实施。他自己却谦虚地表示：“一辈子就干一件事，研制了几枚火箭，放了几颗卫星而已。”

“我几乎是看着中国航天事业成长起来的，对它有非常深的感情，为之付出自己的全部力量。”任新民用自己传奇的一生，生动地践行着这样的承诺。

任新民在他的科技生涯中，曾为抗击日本侵略者设计制造前线急需的枪炮弹药，曾为解放舟山群岛研制我国第一种复合药的火箭，曾为新中国培养新生的国防科技人才而执掌教鞭、教书育人。

特别是在他从事航天事业的征程中，带领广大科技人员、工人，在研制大型航天型号工程的路上，攻克了技术上的一个个明碉暗堡，突破了一道道险关隘口，实现了中国航天史上一个又一个的“首次成功”和“零”的突破。这一连串的“成功发射”，浸透了任新民和同事们的心血与汗水，书写了中国导弹、火箭和航天技术从无到有直至进入世界先进行列的辉煌历程。

1980 年，任新民当选为中国科学院学部委员（后改称中国科学院院士），然后又作为中国科学家首批当选为国际宇航科学院院士，作为中国第一人当选为国际宇航科学院理事会理事。

1999 年 9 月 18 日，他荣获中共中央、国务院、中央军委授予的“两弹一星”功勋奖章。

2004 年获国家人事部、总装备部、国防科工委授予的“中国载人航天工程突出贡献者”奖章。

2006 年 10 月 8 日，中国航天事业创建 50 周年纪念日之际，任新民与钱学森等五位专家获得中国航天科技集团公司和中国航天科工集团公司颁发的“中国航天事业五十年最高荣誉奖”。

他亲历了中国航天事业60多年的创建发展历程，其足迹清晰而坚实。也正是这几十年刚毅而闪光的足迹，使他深受广大航天工作者的崇敬和爱戴，成为孕育、铸就和践行伟大的航天传统精神（自力更生、艰苦奋斗、大力协同、无私奉献、严谨务实、勇于攀登）、“两弹一星”精神（热爱祖国、无私奉献、自力更生、艰苦奋斗、大力协同、勇于登攀）、载人航天精神（特别能吃苦、特别能战斗、特别能攻关、特别能奉献）的杰出代表之一，成为众口皆碑的楷模。

有的人活着是一面旗帜，离去了是一座丰碑。任新民就是这样的人。他的一生无怨无悔、求真务实、甘于奉献、光明磊落，他的名字将永载中国航天史册。如今，新一代航天人站在伟人的肩膀上继续攀登。